30 CHAVES LIBERADAS PARA A SUA VIDA

RECEBENDO **VIDA**

ATRAVÉS DA PALAVRA

EDITORA
CHAVE MESTRA®

Título original em Português:
Recebendo vida através da palavra
30 Chaves liberadas para a sua vida

Direção editorial: Raquel Medeiros
Coordenação de revisão: Bartira Costa Neves
Revisão: Gustavo Oliveira
Assistente editorial: Amanda Oliveira
Diagramação: Daniel Marchesani
Design de capa: Izzo

Dados Internacionais de Catalogação na Publicação (CIP)

Vale, Rogério (Organizador)
V149 Titulo: Recebendo vida através da Palavra: 30 chaves liberadas para a sua vida / Rogério Vale – Barueri, SP: Chave Mestra Editora, 2023. 256 p. : 16 x 23 cm

ISBN 978-65-84979-71-0

1. Espiritualidade. 2. Vida cristã. 3. Inteligência espiritual. 4. Liderança cristã. 5. Fé. 6. Atitude. I. Título.

CDD 158.1

EDITORA
CHAVE MESTRA®

SUMÁRIO

APRESENTAÇÃO	**Lilia Cleide**	06
PREFÁCIO	**Pra. Luciana de Oliveira**	08
1	Pra. Alessandra Machado **Persistência gera milagre**	10
2	Pra. Andreia Leite **Aceitando o propósito de Deus com fidelidade**	18
3	Babi Rangel **Deus tem pressa quando você está pronto**	26
4	Cátia Fernandes **Quarto secreto**	34
5	Daniela De Paola **Florescendo em Cristo**	42
6	Eleusa Matos **A chave que liberta: Perdão**	50
7	Psi. Ellen Cristi Sarmento **Naamã: Uma jornada de redefinição por meio de sete emoções**	58
8	Pra. Emilene de Castro **A dor que Deus permite no presente amadurece nosso futuro**	66
9	Fabíola Fernandes **Resgatando a identidade nas gerações**	74
10	Flavia Inacio **O segredo da rolha: há um propósito no processo**	82
11	Pra. Jak Ferreira **Descansar para avançar**	90
12	Dra. Janete Schulz **Chamadas para mudar a realidade e cumprir o propósito**	98
13	Klayd Santana **Viva o propósito e não a proposta**	106
14	Lilia Cleide **A visão do vale de ossos secos**	114

Nº	Autora / Título	Página
15	Lorhana Lisboa Ainda não acabou, há uma nova estação	122
16	Miss. Luciana Martins A situação atual não anula as promessas	130
17	Pra. Luciana Nunes A esterilidade espiritual	138
18	Pra. Magna Batista Semeando vida	146
19	Margarete Amaral Tribulação: não fuja!	154
20	Pra. Marta Dutra Raabe: Transformada pela graça	162
21	Nathália Vieira Hadassa: A menina que floresceu	170
22	Nathalya Maciel A turbulência de uma promessa	178
23	Nytheska Alves A menina sem nome	186
24	Patricia Salgado Mude de ambiente ou morra cego	194
25	Pra. Rebeca Lima A palavra de Deus preenche lacunas	202
26	Rosiane Damasio Eu? Ponte?	210
27	Rubyana Andrade Os quatro tipos de solo do coração humano	218
28	Sônia de Carvalho Milagre não se explica, vive-se!	226
29	Pra. Thiara Lopes A dor é inevitável, mas o sofrimento é opcional	234
30	Valéria Reis Milagre em tempo de angústia	242

APRESENTAÇÃO

Quero agradecer ao meu Aba por ter me escolhido para este projeto tão maravilhoso, uma improvável nas mãos de Deus. Ele realmente escolhe aqueles que não são para confundir os que são (1 Coríntios 1:27).

Recebendo Vida Através da Palavra nasceu em janeiro de 2021. Tudo começou em meio a um grande processo que eu estava vivendo aqui na Alemanha, um cenário tenebroso. Eu me via perdida, desacreditada, mas com um grande desejo que queimava no meu coração: levar a palavra de Deus.

Converti-me aos 14 anos, em 1998, e sempre trabalhei na obra. Mas, quando vim morar fora do Brasil, aí o negócio ficou difícil. Morei 9 anos e meio na Itália e, há 8 anos, moro aqui na Alemanha. Por 7 anos, vivi um processo muito difícil aqui, mas entendo que estava vivendo a faculdade do Senhor. Era um preparo para cumprir as promessas de Deus na minha vida. Esse processo foi necessário; sofri, mas cresci.

Aprendi a ser forte, aprendi que o processo não invalida o propósito, então, só tenho que agradecer a Deus por me permitir passar pelo processo e me sustentar durante ele. Sabia que Deus estava comigo e que o escape dEle chegaria à minha vida. Foi fácil? Não! Mas foi possível. Naquele momento, estava desnorteada com todas as palavras de desânimo que recebia, palavras em que, por um certo momento, acreditei. Mas algo dentro de mim falava: "Você não é isso que estão falando. Não pare! Continue!"

E eu continuei, mesmo não vendo para onde estava indo. Eu fui porque sobre mim existia uma palavra liberada da parte de Deus. Cri e continuei. Graças a Deus! Quando entramos em um projeto, não sabemos o que virá, mas sabemos que Quem nos chamou para ele nos capacita, sustenta-nos e se responsabiliza por cada detalhe: "Os que confiam no Senhor serão como o monte de Sião, que não se abala, mas permanece para sempre." (Salmos 125:1).

Assim nasceu o *Recebendo Vida através da Palavra*. Tudo começou com *lives*. Exatamente! *Lives* no Instagram. Foi o escape do Senhor para a minha vida e de muitas pessoas. Quando comecei, o cenário não era favorável. Apesar de estar sendo mal interpretada por muitos, que achavam que eu só queria visibilidade e não sabiam o que passava para estar na frente daquele celular, com muito temor e tremor, prosseguia. Quantas lágrimas! Quantas vezes pensei em parar! Mas o Senhor falava: "Não! Eu estou vendo e ouvindo. Não pare!".

Deus tem me dado crescimento, vidas têm sido alcançadas, e esse é o objetivo: vidas. Vou superando todos os obstáculos para alcançá-las.

É cada mensagem linda que recebo falando: "Irmã Lilia, não pare! Com suas *lives*, recebi renovo da parte de Deus, Ele falou comigo."!... Quantas vidas estão voltando para o Senhor! Vale a pena. Isso me dá forças para continuar.

Nesse cenário, Deus foi me apresentando pessoas extraordinárias, com o mesmo propósito que eu. Cada convidado era uma grande responsabilidade, mas Deus foi dando direcionamento. Mulheres e homens de Deus foram me ensinando, aconselhando-me, orando comigo e vencendo em nome do Senhor dos exércitos.

Em janeiro de 2023, fui ao Brasil para o lançamento do livro *Mulheres Restaurando Mulheres,* no qual sou uma das coautoras. Esse foi o *start* de Deus na minha vida. Ali, tive a minha primeira experiência como escritora. Logo depois, veio o outro convite para ser coautora do livro *Mulheres Zoe* 2. Só Deus faz! Agora, estou como idealizadora deste livro, juntamente a essas 30 mulheres cheias de Deus, que acreditaram no projeto, abraçaram e se colocaram na posição de deixar uma palavra para a sua vida.

Então, caro(a) leitor(a), você tem nas mãos 30 chaves liberadas para a sua vida. Tenho a plena convicção de que muitas vidas serão alcançadas, restauradas, renovadas e abençoadas com uma palavra liberada diretamente do coração do Senhor por meio deste livro, pois fiel é Quem prometeu, e Ele prometeu que muitas vidas, que nunca ouviriam as *lives*, receberiam as chaves liberadas por meio deste livro: "Foi o Senhor que fez isto, e é coisa maravilhosa aos nossos olhos." (Salmos 118:23).

Boa leitura! Que o Espírito Santo ministre na sua alma.

Lilia Cleide

PREFÁCIO

"Santifica-me na Tua verdade, a Tua Palavra é a verdade."
(João 17:17)

Com muita alegria em meu coração e tomada de uma admiração incrível pela coragem, força e determinação desta pequena notável, minha querida Lília, mulher de Deus, mulher de decisão e mulher de palavra, é que dou início a este prefácio, debaixo de honra.

Conheci Lília em meio ao movimento de muitas ***lives***. Recebi um convite para participar da conexão Brasil – Alemanha, para ministrar a palavra juntamente à querida Lília, em seu trabalho ***Recebendo Vida através da Palavra***. Tivemos uma sincronia, e a ***live*** foi maravilhosa. A partir daquele momento, iniciamos uma aliança. Com respeito mútuo pelo ministério uma da outra, Lília sempre comprometida, com suas ***lives*** levando à palavra por meio do mundo virtual, fomos alcançando vidas, famílias e ministérios.

Passado o tempo, meu filho, louvando, e minha nora, ministrando, também participaram do trabalho, o que fez com que nos aproximássemos mais ainda. Vi em Lília uma mulher perseverante, sem variação, uma mulher constante, responsável, comprometida, desbravadora, que levanta a bandeira da importância da palavra de Deus, dádiva do Senhor para nós, a palavra da verdade, instrumento de nossa santificação, pois, sem ela, não há crescimento espiritual.

Decidi, então, indicá-la para participar do primeiro livro do ***Restaurando Mulheres***, do qual sou idealizadora, e, mais uma vez, a sua garra me chamou a atenção. Lília não só aceitou, como rompeu a barreira geográfica, cultural, de resistências e fortalezas espirituais, para estar no lançamento no Brasil, no estado de São Paulo, em Alphaville, juntamente as 20 coautoras.

Lília entendeu e viveu o propósito, decidiu viver o que Deus lhe reservou. A coletânea, as 21 histórias, as mulheres com o mesmo propósito, brasas vivas: foi um momento único, o Eterno cumprindo tudo o que Ele prometeu. ***Mulheres Restaurando Mulheres – Volume 1***, por meio da vida e do ministério de 21 mulheres, alcançou as nações.

A chegada de Lilia marcou nossos corações para sempre. Que abraço! Que alegria e humildade! Jamais vou esquecer de quando avistei aquela mulher de pequena estatura, mas com a força de um gigante. Ela não parou, ela continuou, e não parou nela.

Hoje, com muito orgulho, tenho o prazer de eternizar estas linhas escritas no ***Recebendo Vida através da Palavra***, fazendo parte desta história e contribuindo de alguma maneira do cumprimento desta promessa.

Que o exemplo de Lília venha para encorajar e contagiar você que está lendo este livro, ao ponto de ser ministrada por cada história superada. É possível, é real. Quem sabe a próxima pode ser você?!

Pra. Luciana de Oliveira

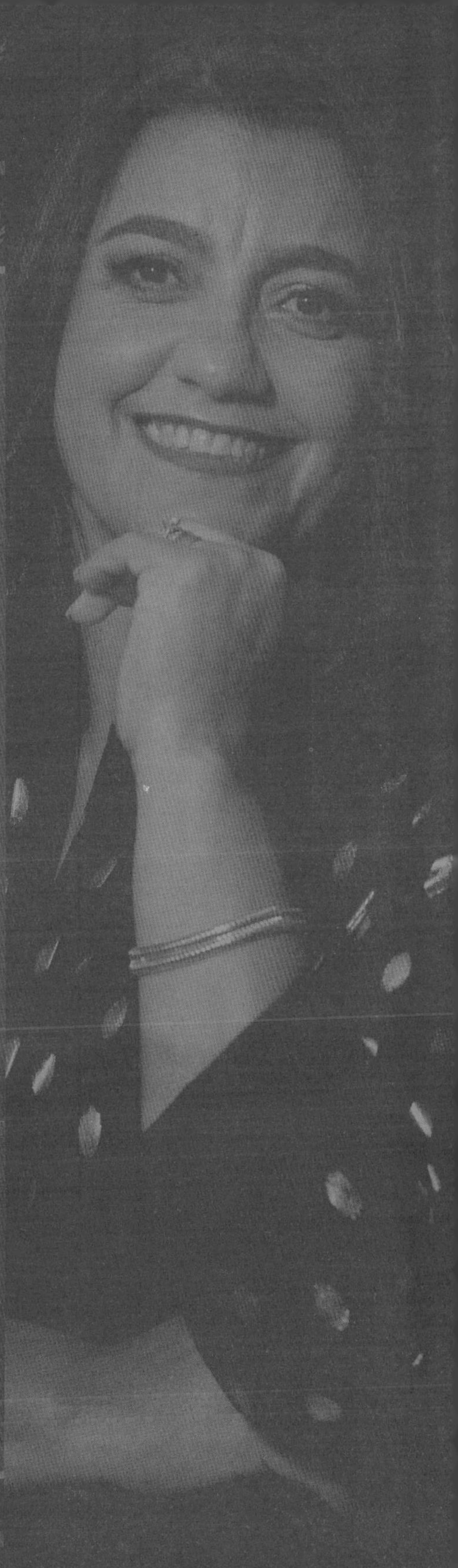

PRA. ALESSANDRA MACHADO

Eu me chamo Alessandra Machado, sou casada há 13 anos com o grande amor da minha vida, o Pastor Everson Ferreira, e mãe de 3 lindos meninos: João Pedro, 22 anos; Jorge Guilherme, 11 anos; e meu caçula, Everson Junior. Formada em Administração de Empresas e Teologia pelo Seminário Teológico Bereia, sou vice-presidente da comunidade evangélica "É Tempo de Adorar", no Rio de Janeiro.

Sou pregadora da Palavra de Deus, coautora do livro *Mulheres Restaurando Mulheres*. Uma das minhas maiores alegrias é ver pessoas sendo resgatadas, restauradas e livres para contar seus testemunhos de transformação em todas as áreas de suas vidas. Agradeço a Deus por me escolher para essa linda missão de propagar o evangelho.

praalessandramachado

+ 55 (21) 99571-0095

pr.ale.ceta@gmail.com

01 **Persistência** gera milagre

POR PRA. ALESSANDRA MACHADO

Só entende o significado de receber vida por meio da palavra quem um dia já foi alcançado por ela. Existem processos que não são fáceis de entender, afinal, quando falamos de receber vida, entendemos que ela já foi atingida ou está prestes a se perder. Para quem já viveu cenários de perdas, sejam elas no matrimônio ou de algum ente querido, o desespero bate à porta, bate tristeza, angústia, perda de sono, e não sabemos de fato o que fazer. Parece um beco sem saída, não é mesmo?

Não há nada impossível para Deus, não existe cenário que Ele não possa reverter. As nossas vidas estão em suas mãos, e os mais belos testemunhos de vitória virão dos mais calorosos embates. Às vezes, será como latão que é entregue ao fogo sem forma, sem aparência, mas que constituirá e forjará uma linda ferramenta para vencer batalhas e resgatar vidas.

Há uma história que tem me acompanhado por um tempo. Ela se encontra em Mateus 15:21 e vai nos instruir sobre como receber vida por meio da palavra. Essa história é de cunho familiar: uma mãe tem uma filha atormentada por demônios. Quando se fala em atingir bens materiais, financeiros ou algo externo, até conseguimos ter uma aceitação, mas, quando se trata de algo pessoal, como filhos, isso mexe com a nossa estrutura, pois nosso emocional fica abalado e a nossa alma fica aflita.

Esse problema, dinheiro não resolve. O hospital de referência não resolve, médicos não resolveriam. Enfim, essa mãe está com sua filha atormentada por demônios dentro de sua casa. Nessa caminhada com Cristo, o que mais vejo são pais desesperados com filhos atormentados dentro dos seus lares — o inimigo das nossas almas atua de várias formas, e uma delas é a possessão, que faz a pessoa perder a memória, cortar o próprio corpo, ranger os dentes, ficar vagando pelas ruas sem destino, tudo com o intuito de ceifar a vida do possuído.

A origem da mulher da história citada é Cananeia. Ela é politeísta, adora a outros deuses, mas não perde a oportunidade de procurar por Jesus. Às vezes, muitos cristãos, em momentos de necessidade, buscam pelo melhor amigo, pelo vizinho, por alguém na internet, mas não busca verdadeiramente quem pode resolver os seus problemas. Nesses momentos, conte para Jesus qual é o seu problema.

Na narrativa, Jesus estava passando pelas regiões de Tiro e Sidom, sua fama já havia sido propagada, e muitos comentavam sobre seus feitos de cura, libertação e restauração. A mãe mencionada só tinha duas opções: ou ficava em casa e via a filha morrer ou ia ao encontro daquele que poderia alcançar a filha, restaurar sua esperança e trazer sua alegria de volta. Aprendemos com ela como alcançar o milagre: o posicionamento deve ser concernente com aquilo que estamos vivendo. Lamentar, ficar num quarto escuro e cruzar os braços não vai resolver os nossos problemas, mas ir atrás daquele que pode resolver, sim! Às vezes, algumas coisas fugirão do controle para começarmos a nos movimentar e sair da zona de conforto.

E aquela mãe não se importava com o que iriam dizer no caminho, ela vai ao encontro de Jesus dizendo em voz alta: "Porque há guerras que não iremos vencer de boca fechada, até porque quem está vivendo o tempo de adversidade é ela, quem está vivendo o dia mal é ela."

Quantas vezes tentamos disfarçar e nos maquiar porque ficamos pensativos com relação ao que iam dizer, ao que iam falar. Mas aquela mulher não se importava com a multidão, com os olhares, com pensamentos, tampouco com apontamentos, pois o que ela estava vivendo dentro de casa era maior do que essas coisas. Aqui vemos a primeira lição: posicionamento muda cenários desfavoráveis.

A segunda lição é: expor a questão para quem pode resolvê-la, trazer cura e alívio para sua alma. Existem muitas pessoas, nestes tempos, paralisadas, com medo do que vão dizer ou pensar acerca do seu comportamento. Carrego um pensamento assim: "Quem sabe o que está vivendo e onde está doendo sou eu. Então, não me importo com falas ou olhares, até porque ninguém tem o poder para mudar a minha história."

O grito de socorro da mulher cananeia foi: "Senhor! Filho de Davi! Tenha misericórdia de mim, porque a minha filha está severamente atormentada por um demônio." Ela é cananeia, mas entende a importância de chamar a atenção de Jesus. E Ele sabe quem ela é, porque Jesus não passa por lugar algum sem propósito, como existem muitas pessoas mudando as suas origens para poderem chamar atenção.

Porém, Ele sabe quem é você. Não queira ser uma cópia, louve-O do seu jeito, pregue do seu jeito, ore do seu jeito. Se for para mudar, que seja para melhor. Seja original, já tem muita 'xerox' por aí.

Enfim, a mãe aflita se aproximou de Jesus e, com uma frase, ela mudou todo o cenário de morte em sua casa. Não omitiu o que a filha tinha, muito menos colocou uma máscara com vergonha, ela afirmou que era o demônio.

Lembre-se de que sempre Jesus irá esperar que expressemos para Ele onde está o problema. Alguns talvez possam até dizer: "Mas ele não sabe?". Sim, sabe. Porém, faz parte do processo falar: enquanto você expõe para ele, há um alívio na sua alma. Não há como Ele operar se você estiver mascarado. Então a mulher declarou: "Minha filha, ela não anula a maternidade por causa do estado em que se encontra." E continua: "Está atormentada, mas é minha."

Nunca anule o que Deus lhe deu, seja lá como estiver, até porque processos são transitórios, não eternos. E aquela mulher foi determinada e consciente da sua situação, pois informou que sua filha estava severamente atormentada por um demônio. Estava dizendo que, naquele momento, ela até estava daquela forma, mas não tinha nascido assim, um comportamento que foi incrível. Não julgue o cenário usando palavras de derrota, comporte-se conforme o que você quer viver. Lembre-se de que as suas palavras têm poder para abençoar e amaldiçoar. Por exemplo: é drogado, é prostituto, é alcoólatra, entre outros termos.

Percebe a diferença entre você afirmar que a pessoa é algo de nascimento ou falar sobre o estado ou cenário atual dela? Minhas orações, neste tempo presente, é para que vidas sejam alcançadas e transformadas por meio da palavra.

A mulher gritou, expôs e disse o que estava acontecendo, porém Jesus não lhe respondeu, parecia até que a tinha ignorado, não é mesmo? No entanto, pela interpretação do texto, Ele não lhe respondeu por meio da palavra. Às vezes, queremos ouvir alguém falar, ou um profeta dizer, mas eis que lhe digo, Jesus trabalha de diversas formas, inclusive, no silêncio.

Os discípulos disseram: "Mestre! Despeça-se dela, porque vem gritando atrás de nós." Quantas vezes querem nos calar sem ao menos terem a sensibilidade de saber o porquê do nosso desespero? Mas a mulher continuou gritando. Não desista por causa das vozes que querem lhe paralisar. Lembre-se de que, quando estiver perto de receber um milagre da parte do Senhor, as pessoas se levantaram para paralisá-lo. Aumente o nível da adoração, não paralise.

Na minha última gestação, fui rejeitada por 4 médicos, porque, aos 8 anos de idade, fui diagnosticada com arritmia cardíaca, portanto, gerar era um verdadeiro milagre. Deus me deu 3 milagres. Porém, a gestação do meu caçula, Everson Junior, foi muito complicada e dolorosa. Eu não sentia nada, mas os médicos não queriam fazer meu parto devido à cardiopatia. O último disse que retiraria meu filho com 7 meses e que iriamos ambos precisar de UTI.

O desespero bateu, fui para casa, só chorava com medo de o meu filho morrer. Orei, e o Senhor ficou em silêncio. Vesti-me e fui ao culto muito angustiada. Decidi adorar mesmo em meio àquela tempestade. Estava com 4 meses, sem médico, então adorei ao Senhor e não quis mais me lembrar do diagnóstico. Muitos me olhavam assustados, porém não dei importância, só eu sabia a dor que estava sentindo. Foi um culto maravilhoso, mas Deus permaneceu em silêncio.

Lembrei-me de que havia trabalhado com uma médica que era obstetra. Marquei uma consulta com ela, porém me lembrei de que ela era de outra religião. Fui até o consultório e, chegando lá, vi que havia muitas imagens. Ela disse: "Vou fazer seu parto, e o Junior nascerá de 9 meses. Descanse." Sorri e me lembrei de que Ele não falou por palavras, mas já tinha preparado tudo. O Junior nasceu de parto cesáreo, com 38 semanas, super saudável.

Quando entrei no quarto, a médica pediu aos enfermeiros para saírem e que só ficássemos eu e meu esposo. Estava um pouco assustada, olhando para ela, que começou a chorar e disse: "Obrigada por me permitir participar do seu milagre." Havia planejado algo, mas vivi exatamente o que o Senhor tinha projetado para mim. Assim, Jesus alcançou toda a equipe médica. O propósito era muito maior do que o processo.

Aquela mulher de Mateus 15:21, mesmo com todas as dificuldades que encontrou no caminho, persistiu. Houve um diálogo entre ela e Jesus e, em nenhum momento, aquela mãe desistiu. Jesus lhe disse que não fora enviado, senão para as ovelhas perdidas da casa de Israel. Certamente, não era a resposta que ela queria, porém ela se prostrou, adorou a Ele e pediu socorro. Desistimos por tão pouco, não é mesmo?

Aquela mulher estava tão certa do que queria e de como deixara sua casa que não saiu de perto de Jesus. O diálogo continuou e ela permaneceu. Então Jesus lhe disse: "Mulher, grande é a tua fé. Sejas feito, para contigo, como tu desejas." Na mesma hora, a filha dela ficou sã. O cenário da casa a fez ter um encontro com Jesus e receber exatamente o que precisava.

Não desista, a sua persistência, além de lhe trazer resistência, fará você receber vida, não só para sua família, mas para alcançar aqueles que o cercam.

"Sua persistência vai trazer resistência para você e o levará a receber aquilo de que necessita."

Pra. Alessandra Machado

PRA. ANDRÉIA LEITE

Sou Andréia Fernando Masi Leite, natural de Toledo, Paraná, Brasil. Resido em Londres, Inglaterra, com minha família abençoada. Sou casada com o pastor Isaque Leite há 29 anos. Sou esposa, mãe, avó e copastora da *Resgate Ministries Church*. Meu marido e eu somos filiados à Cieadep - Paraná (Convenção das Igrejas Evangélicas Assembleia de Deus do Paraná).

Nascida em uma família cristã evangélica, desde muito cedo, senti fluir o desejo de servir ao Senhor. Fui música clarinetista, atuei em teatros, ministérios de dança, jograis e fui assídua membra do círculo de oração na igreja. Mas foi fazendo jogral que recebi inspiração para escrever inúmeras peças. Desde muito cedo, já ministrava a palavra do Senhor. Hoje sou formada em Teologia pelo Instituto Cetadeb.

Para vivermos o propósito de Deus em nossas vidas, precisamos passar por alguns processos.

praandreialeite

+44 753325-8080

sarahandreia@hotmail.com

02 Aceitando o propósito de Deus com fidelidade

POR PRA. ANDRÉIA LEITE

Ao entrar onde Maria estava, o anjo disse: "Salve, agraciada; o Senhor é contigo; bendita és tu entre as mulheres." (Lucas 1:28). Maria nos deixou um exemplo elevado de humildade, submissão à vontade de Deus e fidelidade ao Senhor. Fidelidade é a particularidade ou a qualidade do que é fiel e envolve zelo, cuidado, lealdade, veracidade e constância. Ser fiel significa ser constante, decidido, perseverante e não mudar, independentemente das circunstâncias. A fidelidade de Deus é incomparável, pois, mesmo que lhe voltemos as costas, Ele permanece fiel. Como está escrito: "Se somos infiéis, ele permanece fiel; porque não pode negar-se a si mesmo." (2 Timóteo 2:13).

Fidelidade é ter compromisso. Desde a aliança feita por Deus com Abraão até a promessa de que essa aliança se estenderia à sua descendência e às gerações posteriores a ele, descrita em Gênesis 17:7, até os dias de hoje, Deus tem cumprido a Sua palavra e sempre a cumprirá, mantendo a sua fidelidade por amor aos Seus. Ao longo de todo esse tempo, Deus tem permanecido fiel.

Fidelidade é ter cumplicidade, é caminhar lado a lado e ter unidade. Não basta ser plantado, precisa ter raízes. Para vivermos o propósito de Deus em nossas vidas, precisamos passar por alguns processos, como Amós 3:3 nos questiona: "Poderão andar dois juntos, se não estiverem de acordo?".

Para caminhar juntos, precisa-se ter raízes. Às vezes, somos infiéis à nossa aliança com Deus porque acreditamos que temos a capacidade de nos mantermos fiéis apenas com as nossas próprias forças, vontades e habilidades. No entanto, a fidelidade de Deus é demonstrada em Seu amor por nós.

O amor de Deus por nós é incondicional, não depende do que fazemos por Ele. Como João 3:16 declara: "Porque Deus amou o mundo de tal maneira que deu o seu Filho unigênito, para que todo aquele que nele crer não pereça, mas tenha a vida eterna." O amor é a força mais poderosa do mundo, é o elo que conecta as pessoas umas às outras e a Deus.

O verdadeiro amor não depende de quem o recebe, mas da decisão de amar. O amor é uma decisão poderosa. Não existe amor igual ao amor de Deus, pois somente esse amor, por meio de Jesus, pôde transformar as nossas vidas e nos completar. Deus é amor, e Seu amor serve como exemplo para nós. Devemos amar os outros de forma incondicional, assim como Deus nos ama. Ao falarmos do amor de Deus, estamos nos referindo a um amor santo, pois: "Deus é luz, e não há nele treva alguma." (1 João 1:5).

É justamente por isso que o apóstolo João escreveu que: "Deus é amor." (1 João 4:8). Quando Deus enviou o anjo para falar com Maria, foi por amor a nós. Maria foi escolhida e agraciada para desempenhar o papel mais importante que uma mulher poderia ter, ela teve o privilégio de ser chamada para ser a mãe do Salvador, mesmo sendo jovem. Ainda assim, ela foi submissa à vontade de Deus e aceitou o seu propósito.

Propósito significa tomar uma posição ou decisão, atingir um objetivo, realizar um desígnio, destino, efeito ou intenção. Deus criou tudo com um propósito e tem um propósito para cada vida, pois Ele deseja nos abençoar. Os propósitos de Deus são bons e imutáveis. Podemos confiar em Deus, pois o propósito dEle é nos mostrar Seu amor e perdão. Quando confiamos nEle, nada nos falta. Deus é fiel em cumprir Suas promessas. Quando nossos propósitos são bons e estão alinhados com a vontade de Deus, Ele nos abençoa. Nosso maior propósito deve ser fazer a vontade de Deus e glorificar o Seu nome (Romanos 8:28).

Maria fez a vontade de Deus ao aceitar ser escolhida por Ele. Ela foi agraciada e bendita entre as mulheres. A escolha de Maria foi baseada na graça de Deus, ou seja, em um favor imerecido. É fundamental entender que a graça significa a concessão de um favor não merecido. Todos nós somos salvos pela graça de Deus, não por mérito próprio (Efésios 2:8).

O anjo deixou claro para Maria que ela estava recebendo a graça de Deus, um benefício concedido pela bondade divina, e não por algo que ela tivesse feito ou realizado por si mesma. A graça é um favor não merecido, é algo bom que é dado não porque a pessoa que recebe merece, mas porque

Deus, que é generoso, a oferece. A graça revela o bom caráter de Deus, não o mérito da pessoa que a recebe.

A graça também é manifestada no cuidado e na provisão diária de Deus em nossas vidas. Ele supre nossas necessidades físicas, emocionais e espirituais, demonstrando Seu amor constante. Mesmo quando falhamos, a graça de Deus nos oferece o perdão e a oportunidade de recomeçar. Deus demonstra Seu amor por nós por meio da graça (Efésios 2:4-5). Maria foi agraciada por causa da graça.

Fidelidade e Fé

Para uma verdadeira e sólida aliança com Deus, precisamos compreender que precisamos ser fiéis (2 Coríntios 5:7). Você estaria disposta a abrir mão temporariamente ou, até mesmo, totalmente do seu maior sonho de vida para dar lugar ao propósito de Deus? Maria fez isso, em uma atitude de amor, fidelidade e obediência a Deus. A promessa do nascimento de Jesus ainda não havia se cumprido, e Maria tinha o compromisso de se casar com José. Durante a espera por esse dia, um anjo a visitou com a mensagem de que Deus a havia escolhido para trazer ao mundo Seu filho.

Num primeiro momento, Maria ficou espantada e não entendeu nada, mas, ao ouvir toda a orientação do anjo, ela simplesmente abriu seu coração para que a vontade de Deus se cumprisse em sua vida. Precisamos ser mulheres dispostas a abrir mão de nossos maiores desejos para que o propósito de Deus se cumpra em nós. "Muitos são os planos no coração do homem, mas prevalece o propósito do Senhor." (Provérbios 19:21).

Deus procura homens e mulheres cujos corações estejam totalmente entregues a Ele. Todas as coisas foram criadas por Deus com um propósito. Você foi feita por Deus. Viver uma vida significativa é permitir que Deus a use para Seus propósitos. Percebo que muitas pessoas são cegas para o seu propósito, vejo que é necessário um milagre de Deus para que possamos enxergar o nosso propósito. "A fé é o firme fundamento das coisas que se esperam e a prova das coisas que se não veem." (Hebreus 11:1).

Maria não precisou ver, mas ela creu, mesmo que tenha ficado temerosa. Não é pecado sentir medo, porém não podemos permitir que o medo e a insegurança nos dominem. O anjo disse a Maria: "Maria, não temas, pois encontraste graça diante de Deus." (Lucas 1:30).

O propósito da sua vida é muito maior do que a sua realização pessoal. Você foi feita por Deus e para Deus e, até que não compreenda isso, a vida não terá sentido. Você não é um acidente, Deus lhe trouxe à vida e escolheu você entre milhões e milhões de possibilidades. Ele não ficou nem um pouco surpreso com o seu nascimento; na verdade, Ele estava esperando por você. Você não veio ao mundo por infortúnio, nasceu com o propósito de glorificá-Lo e ser uma grande bênção para a sua geração.

Maria era uma mulher comum que se preparava para se casar com José. Sabemos pouco sobre Maria, mas a Bíblia nos diz que ela era uma virgem de Belém, da linhagem de Davi. Ela era desposada, comprometida, separada, noiva de José e parente de Isabel, esposa do sacerdote Zacarias e mãe de João Batista. A palavra de Deus faz referência àquela que se tornaria a mãe de Jesus. O Messias viria da linhagem de Davi e nasceria de uma virgem, conforme profetizado em Isaías 7:14. Certamente, havia muitas jovens virgens de boa reputação naquela época, que viviam em Belém, mas Deus a escolheu, e Maria foi agraciada com o privilégio de dar à luz o Salvador do mundo.

Maria tinha um coração humilde e aceitou o seu papel. Ela louvou a Deus com um cântico e se considerou uma serva, até mesmo uma escrava (Lucas 1:48). Ela demonstrou uma atitude de submissão e fidelidade a Deus. Era uma mulher forte e obediente que enfrentou muitos desafios como mãe, mas não deixou de cumprir os propósitos de Deus.

Ele escolhe pessoas que se colocam inteiramente a Sua disposição. Não escolhe pessoas com base em seus talentos, dons ou capacidades, escolhe aqueles que têm um coração disposto a servi-Lo e obedecê-Lo. Mesmo sendo pessoas comuns e aparentemente desprovidas de atrativos aos olhos humanos, Deus nos vê e reconhece todo o potencial que podemos alcançar ao obedecermos e nos submetermos à Sua vontade. Para vivermos o propósito dEle em nossas vidas, precisamos andar com fidelidade.

Aceitar o propósito de Deus com fidelidade é um caminho que nos conduz a uma vida de significado, esperança e plenitude. Quando nos rendemos à vontade divina e nos comprometemos a viver de acordo com os princípios e mandamentos estabelecidos, experimentamos uma profunda conexão com o Criador e descobrimos a verdadeira essência de nossa existência. Aceitar o propósito de Deus implica confiar em Sua sabedoria e providência, mesmo quando os desafios e dificuldades surgem em nosso caminho. É reconhecer que Ele tem um plano maior para cada um de nós, um plano que vai além de nossa compreensão limitada.

Além disso, aceitar o propósito de Deus com fidelidade nos liberta da ansiedade e do medo, pois confiamos que Ele está no controle de todas as coisas. Ao seguirmos o propósito de Deus com fidelidade, também nos tornamos instrumentos de transformação em nosso mundo. Podemos ser agentes de amor, paz e justiça, levando a mensagem do evangelho a todos os lugares e sendo uma luz em meio às trevas.

Nossa fidelidade a Deus inspira e influencia aqueles ao nosso redor. Podemos fazer a diferença na vida das pessoas, mostrando-lhes o amor dEle de maneira tangível e prática. Portanto, ao aceitar o propósito de Deus com fidelidade, encontraremos um sentido verdadeiro e duradouro para nossas vidas. Somos convidadas a viver em comunhão com Ele, confiando em Sua guia e dependendo de Sua graça. Que possamos abraçar esse propósito com humildade e determinação, sabendo que é por meio dessa fidelidade que encontraremos a plenitude e a alegria que só Deus pode nos oferecer. Para aceitarmos o Seu propósito, precisamos ser enraizados em Cristo Jesus.

"Não basta ser plantado, precisa ter raízes."

PRA. ANDRÉIA LEITE

BABI RANGEL

Olá! Sou Babi Rangel. É uma alegria compartilhar com você algumas porções do derramar de Deus em minha vida. Sou advogada, empreendedora, influenciadora digital cristã, conferencista, palestrante, pregadora do evangelho, escritora, idealizadora e apresentadora do Papo de Fé.

Sou carioca, mas moro em Santa Catarina desde 2010, quando me casei. Sou filha de pastores e mãe de um príncipe lindo. A minha missão é ajudar pessoas, em especial, mulheres, a descobrirem a sua real identidade e cumprirem o seu propósito dentro e fora dos seus lares.

*babi_rangel_*

babirangel.oficial

tudocombabi

03 Deus tem pressa quando você está pronto

POR BABI RANGEL

Está chegando o dia em que o trigo crescerá mais depressa do que poderá ser colhido, as parreiras produzirão uvas mais depressa do que se poderá fazer vinho. As parreiras produzirão tantas uvas, que o vinho vai correr à vontade, como um rio. Trarei o meu povo de volta do cativeiro para a sua terra. Eles construirão de novo as cidades que estavam em ruínas e morarão nelas. Farão plantações de uvas e beberão do seu vinho; cultivarão pomares e comerão as suas frutas. (Amós 9:13-14 NTLH)

Como é lindo ver Deus estabelecendo um novo tempo para o Seu povo, de dupla honra, de recompensas e de aceleração de bênçãos, após dias difíceis de juízo. Você crê que Deus também tem um tempo de aceleração e honra para a sua vida, apesar das adversidades que você tem enfrentado? Então, deixe-me lhe contar algo.

Durante uma conversa com o meu pai, ele me disse: "Deus tem pressa quando você está pronto." Apesar de aquela frase ter causado um verdadeiro impacto na minha mente e em meu coração, confesso que, naquele momento, eu não havia conseguido entender a profundidade e a importância do que o meu pai estava querendo me dizer. Até que, pouco a pouco, tudo começou a fazer sentido. Fui alcançada por um novo ângulo de visão, e essa realidade me impulsionou a experimentar novos alvos e novos posicionamentos.

O primeiro aspecto daquela frase, que chamou a minha atenção e me levou a refletir profundamente, foi a "pressa" de Deus. Parece soar um tanto quanto estranho pensar que Deus tem pressa, não é mesmo? Pois falar em pressa nos remete à existência de algum tipo atraso, ou à uma perda de controle do tempo, ou à uma falta de planejamento. E nós sabemos que não é dessa maneira que o nosso Deus age.

Em partes, estava certa, porque não era mesmo sobre esse tipo de pressa que o meu pai estava se referindo. Nós precisamos abrir mão do péssimo hábito de humanizar aquilo que é divino, de limitar o agir de Deus à nossa pequenez. Entenda que a pressa de Deus não é, nunca foi e nunca será como a nossa pressa. Ele não é como uma pessoa que tem pressa porque está atrasada e atribulada, do tipo sem planejamento, que faz tudo de qualquer jeito. Muito pelo contrário, nEle há plenitude, longanimidade, calma, mansidão e paciência. Ele é zeloso, caprichoso e detalhista.

Deus tem o controle de todas as coisas. Ele escreveu a nossa história antes mesmo de que fôssemos formados no ventre de nossa mãe. O nosso Deus é coerente e perfeito em tudo que faz. E, se o manifestar da glória dEle ainda não aconteceu em sua vida, saiba que não é porque Ele não deseja fazer isso, ou porque não se importa com você, ou porque esqueceu ou está atrasado em cumprir aquilo que você tanto deseja. Mas, certamente, por dois motivos: ou porque aquilo que você deseja não se conecta aos propósitos dEle para a sua vida ou, simplesmente, porque você ainda não está pronto para viver esse novo tempo.

O agir do Senhor depende muito mais de mim e de você do que dEle. É o seu posicionamento que dará ou não o "sinal verde" para o céu agir em seu favor. Em 2 Pedro 3:9 (King James atualizada), está dito que: "O Senhor não se atrasa em cumprir a sua promessa, como julgam alguns. Pelo contrário, Ele é extremamente paciente para convosco e não quer que ninguém pereça, mas que todos cheguem ao arrependimento."

Entenda que o Senhor não se atrasa em cumprir as Suas promessas, Ele se apressa. E a pressa de Deus, repito, não tem nada a ver com a pressa humana, mas com um tempo de aceleração, de honra e de recompensas, que só poderão ser estabelecidas em nossas vidas quando estivermos preparados e habilitados para desfrutar disso.

Chegará o momento em que os nossos pés ganharão velocidade rumo ao cumprimento dos propósitos que Deus mesmo estabeleceu para nós, por nós, em nós e por meio de nós. Convido você, então, a abrir o seu coração e a permitir que, por meio desta leitura, Deus também lhe desperte, conceda a você entendimento e o conduza a uma nova e linda estação de aceleração e de bençãos em sua vida.

Em 1 Coríntios 15:58, a Bíblia diz que devemos ser firmes e constantes, sabendo que "o nosso trabalho não é vão no Senhor." Mas, infelizmente, muitas pessoas querem as bençãos, as respostas do céu, os milagres, querem viver uma verdadeira aceleração de bençãos, mas não querem se posicionar e nem esperar o momento certo para que isso aconteça.

Só que posicionamento em Deus não é um passe de mágica. É um processo que requer decisão, renúncia e mudança de mentalidade. E a verdade é: nem todos estão dispostos a isso. O Senhor não disse que a nossa caminhada seria fácil, mas afirmou que, com Ele, seria possível. Afinal, "tudo é possível ao que crê" (Marcos 9:23). E Deus tem aliança com que tem aliança com Ele.

Os meus pais me ensinaram muitas lições poderosas. Dentre elas, vale ressaltar duas: "Não há vitória sem sacrifício" e "Não há recompensa sem posicionamento." Portanto, jamais crie raízes no lugar da sua dor, no solo da frustração e da insatisfação. Não faça morada em lugares que deveriam ser apenas locais de passagem.

Ouse abrir mão dos seus achismos para viver uma vida de convicções nEle. E, acredite, o Senhor não é indiferente com a sua dor, muito pelo contrário, em Seu coração arde um enorme anseio por nos abençoar, por nos ver felizes e realizados, cumprindo os propósitos para o qual fomos criados. E a Bíblia nos mostra isso de forma muito clara. Observe:

- "O que ninguém nunca viu e nem ouviu, e o que jamais alguém pensou que podia acontecer, foi isso o que Deus preparou para aqueles que o amam." (1 Coríntios 2:9 NTLH);
- "Todas as coisas trabalham juntas para o bem daqueles que amam a Deus, daqueles a quem ele chamou de acordo com o seu plano." (Romanos 8:28 NTLH);
- "E agora, que a glória seja dada a Deus, o qual, por meio do seu poder que age em nós, pode fazer muito mais do que nós pedimos ou até pensamos." (Efésios 3:20 NTLH).

Você é a concretização dos sonhos de Deus na Terra. Quando você está feliz, ou realiza um sonho, ou conquista algo, é a glória e a fidelidade do Senhor que se manifestam por meio da sua vida. E essa é a "pressa de Deus". Ele não tem tempo a perder quando o assunto é você. Ele ama você. Ele quer fazer. Ele quer realizar em sua vida. Ele quer ver você desfrutando de paz e alegria.

Só que, por nos amar demais, antes de realizar o milagre por nós, Deus precisa fazer o milagre em nós. Ele não pode entregar em nossas mãos algo que ainda não estamos aptos para receber. Desde que o meu filho

Jorginho nasceu, comecei a entender um pouquinho melhor sobre o amor, a maternidade e a bondade do Senhor conosco.

Apesar de nem sempre poder dizer "sim" aos pedidos e anseios do meu filho, não posso negar a enorme vontade que tenho de dar e fazer absolutamente tudo o que ele gostaria. E, se você também tem filhos, certamente entende muito bem sobre o que estou falando.

Só que há coisas que o Jorginho ainda não está pronto para fazer e nem para receber. Há outras coisas que ele gostaria, mas que não estão de acordo com aquilo que eu e o meu esposo, como pais, entendemos ser o melhor para ele; e seria uma irresponsabilidade nossa atender aos desejos e anseios dele de forma precoce e/ou negligente.

Por isso, mesmo com o coração apertado e com um desejo quase incontrolável de vê-lo sorrindo, algumas vezes, precisamos "pisar no freio" e dizer "não", ou, ainda, esperar o tempo certo. Isso é amor, cuidado, proteção e zelo. Por mais que os filhos nem sempre consigam entender o agir de seus pais, um dia, quando eles adquirirem um pouco mais de maturidade, perceberão que uma das formas mais lindas de amar é respeitar o tempo certo de quem amamos. E, como Pai perfeito que é, Deus também age dessa forma.

Se nós, que somos humanos, conseguimos dar boas coisas aos nossos filhos, imagine o nosso Pai celestial (Mateus 7:11 NTLH). Quando estamos prontos, preparados, bem posicionados, no tempo e no lugar certos, o Senhor realmente se apressa para realizar grandes coisas em nossas vidas.

Você já viu alguém que, de repente, vive em apenas um ano tudo o aquilo que não viveu nos últimos dez anos? Eu chamo isso de tempo de aceleração. E é isso que Deus quer fazer por mim e por você. Pare de procrastinar e decida hoje mesmo dar novos passos rumo ao centro da vontade do Senhor. Apresse-se! Posicione-se! Prepare-se para viver a maior estação de bençãos da sua vida. Apesar das lutas, adversidades e dores, lembre-se de que Deus não precisa de cenários favoráveis para agir, apenas de pessoas bem posicionadas.

Aguarde o agir do Senhor com as suas lamparinas acesas. Não deixe para depois o que você pode e deve fazer hoje. Esteja preparado para viver a maior temporada de bençãos da sua vida. Você não precisa ver, não precisa entender, só precisa crer, obedecer e avançar. Chega de viver contando testemunho dos outros. É tempo de romper em fé, de ter as suas próprias experiências com o agir sobrenatural de Deus.

Saia do centro da sua vontade e se posicione no centro da vontade dEle. Antes de entregar a benção em suas mãos, o Senhor quer trabalhar nas suas raízes, na sua essência, no seu caráter, na sua mentalidade e no seu coração. E, quando você estiver preparado, Deus se apressará em honrá-lo e realizar os desejos do seu coração.

Talvez, a resposta que você tanto tem buscado para as coisas que ainda não aconteceram, não se romperam, não deram certo, não foram construídas e reconstruídas, esteja aqui, diante dos seus olhos: "Deus tem pressa quando você está pronto." A chave está no seu posicionamento. Quando você age, o céu reage. A lei da semeadura não falha: quem planta posicionamento certo colhe aceleração do céu.

E aí, você está pronto para viver o tempo de aceleração que Deus tem para a sua vida? Foi dada a largada! Vamos com tudo! Que Deus o abençoe!

"Quem planta posicionamento certo colhe aceleração do céu."

BABI RANGEL

CÁTIA FERNANDES

Sou evangelista, tenho 38 anos e um filho de 11 anos, o Gabriel Fernandes. Nasci na cidade de Jacobina, interior da Bahia, e atualmente moro em Ribeirão Preto, São Paulo. Sou manicure e pintora de telas. Tenho duas famílias, a família de sangue, família Silva, e a família do coração, família Fernandes, que tem a minha mãe, Pra. Sônia.

Faço parte do ministério Mulheres Reconstruídas em Deus, no qual faço *lives* voltadas para mulheres, todas às quintas-feiras, às 16 horas, na página: *Mulheres Reconstruídas em Deus*; e às quartas-feiras, às 21 horas, na minha página pessoal, além de auxiliar mulheres. Para me conhecerem melhor, sigam as minhas redes sociais:

catia22s

mulheresreconstruidasemdeus

Catia Fernandes

04 Quarto secreto

POR CÁTIA FERNANDES

Uma das experiências mais importantes na minha história foi quando conheci Jesus com 14 anos e me batizei. Com 15 anos, recebi o batismo no Espírito Santo. Eu me lembro como se fosse hoje: o meu coração acelerava e queimava pela presença. Era uma jovem muito enferma, vivia doente, mas, quando aceitei Jesus, minha vida foi transformada. Tinham muitas coisas que me paralisavam, uma amargura, um vazio, vim de vários abusos físicos e psicológicos, de uma família sem estrutura, não sabia o que era ser amada, ser abraçada; ninguém me ensinou sobre o verdadeiro amor.

"E conhecereis a verdade, e a verdade vos libertará." (João 8:32)

Aos 18 anos, conheci o meu ex-marido, casei-me com 23 anos e mantive um relacionamento por 11 anos. O meu primeiro ano de casamento foi muito conturbado, havia brigas e ciúmes excessivos da minha parte. Tornei-me uma pessoa emocionalmente dependente dele, perdi a minha identidade. Naquele processo todo, descobri que tinha endometriose. Pela medicina, fui diagnosticada com a esterilidade. Naquele momento, senti que o meu sonho de ser mãe havia sido abortado. Um ano depois, tornei-me mãe. Havia recebido uma promessa de Deus que seria mãe de um menino; era o desejo do meu coração.

"Faz com que a mulher estéril habite em casa e seja alegre mãe de filhos. Louvai ao Senhor." (Salmos 113:9)

Anos depois, passei pelo processo da separação e me vi sozinha, presa na cadeia do medo, da depressão e da ansiedade. Precisei fazer tratamento com remédios controlados por um tempo, mas, nessa jornada, Deus continuou comigo. A sensação de dormir casada e acordar separada fez o meu mundo desabar. Mesmo ferida, com a minha alma sangrando, tentei lutar pela restituição da minha família. Foi um processo doloroso. Com meu filho pequeno, sofri muitas humilhações. E nesse tempo que passei de menina para mulher, o sofrimento me ajudou a amadurecer.

Existem dores que sentimos e não demonstramos, sofremos em silêncio, a alma chora, o coração grita e ninguém vê. Mas Deus sabe, Deus entende, Deus cura e Deus me escolheu para viver um lindo projeto na Terra. Ali se iniciou uma nova jornada. "Mas quando você orar, vá para seu quarto, feche a porta e ore a seu Pai, que está no secreto. Então seu Pai, que vê no secreto, o recompensará." (Mateus 6:6).

No lugar secreto, Deus pode nos revelar coisas que impactarão nossa vida visível. Além disso, somos nutridos espiritualmente quando nos relacionamos profundamente com o Senhor em oração e por meio de Sua palavra. Dessa forma, somos capazes de viver a vida (visível) de uma maneira sábia, que agrada a Deus. Estaremos preparados para provas e desafios.

Esteja certo de que os nossos maiores encontros com Deus sempre serão quando a nossa decisão for fechar a porta do quarto e passar tempo com Ele. São nesses encontros secretos em que Ele nos diz verdades sobre quem somos, revela-nos mais sobre a Sua essência e nos dá novas sandálias para suportar o *ide*. E o céu me enviou pessoas capacitadas para me ajudarem no meu processo. É necessário tirar os olhos do cenário e focar na promessa.

A dor não é o fundo do poço, é o início de algo novo. Ninguém continua a mesma pessoa depois de superar uma traição. As dores deixam feridas, mas a boa notícia é que toda ferida se transforma em cicatriz. Demorei no deserto da dor por 8 anos. A demora do perdão nos impede de termos habilidades e maturidade no mundo espiritual. Não seja escrava da sua dor, porque ela a impede de viver o novo de Deus. Mas é exatamente quando as suas forças se acabam e não tem mais saída que você muda de fase.

Comecei a construir um relacionamento com Deus, por meio da minha honestidade com o Espírito Santo, e Ele devolveu a minha essência. Foi quando comecei a ter experiências com os céus.

Em uma das experiências com Deus, nasceu no meu coração o quarto secreto, onde aprendi a ser livre, deixar as pessoas me acessarem e conhecer quem eu era de verdade. No lugar do medo, abri espaço para novas amizades e descobri que amavam a minha companhia — antes, tinha complexo de inferioridade e não me aceitava. Quando passamos a ter um tempo de qualidade com Deus, aprendemos a nos valorizar e brilhar cada vez mais. No quarto, Deus nos revela chaves poderosas, e uma dessas chaves foi: "E vós buscar-me-eis, e me achareis, quando vós me buscardes com todo o vosso coração." (Jeremias 29:13).

Não dá para chegar na presença de Deus se não formos verdadeiras. A nossa busca gera no mundo espiritual milagres e cura. Liberamos o nosso caminho para algo extraordinário. Quando decidimos perdoar, há uma caminhada, então decida se manter no perdão, porque, por meio desse mover, você encontra paz. O perdão é uma decisão, procure se manter nele. Nada se desenvolve na zona de conforto, ali não se produz, não se cresce, as sementes encruam. As pessoas crescem fora da zona de conforto: "Considero que os nossos sofrimentos atuais não podem ser comparados com a glória que em nós será revelada." (Romanos 8:18).

Primeiro, somos reconstruídas para, depois, sermos usadas como um instrumento de restauração. Antes de se utilizar das nossas vidas, o Senhor nos permitiu passar pelo processo, a fim de nos moldar e nos lapidar para nos transformar em vasos de honra, para que pudéssemos ser usadas como instrumentos de restauração na vida de outras pessoas.

O processo nos torna sensíveis à dor do outro para ministrarmos na vida dele, com base naquilo que vivemos e superamos na nossa história. O Senhor foi me modelando para viver no centro da vontade dEle. Tirou a cegueira dos meus olhos e me mostrou o quanto eu era preciosa para Ele. Um dia, no quarto, chorando e falando com Deus, com uma dor na alma, Ele me disse: "Eu estou devolvendo para você o seu sorriso."

Então, você que perdeu o seu sorriso, perdeu a vontade de viver, achando que a sua felicidade está baseada em relacionamentos, filhos e amizades, saiba que a nossa alegria e a nossa identidade estão no Senhor, na presença dEle, porque a alegria do Senhor é a nossa força. Muitas vezes, não entendemos o trabalhar de Deus, achamos que Ele nos abandonou, não nos ama, mas é mentira, porque o foco do céu é eu e é você.

Não se perca nas mentiras do inimigo. Fique firme, porque o não de Deus é um sim para o futuro. No ambiente secreto, geramos decretos de restauração, cura, libertação e salvação, chamando à existência nas regiões naturais o que foi concebido no Espírito. Tudo o que nos desafia nos causa dor. Por isso, aprenda: a luta que não para você o faz crescer.

Perdi a minha vida e ganhei uma nova. Muitas vezes, achamos que a nossa vida é ter um casamento e um filho. E não é. Isso faz parte do projeto inicial de Deus, mas descobri: o que sou em Deus é muito mais forte. E, nesse quarto, o Senhor me revelou muitas coisas. Saiba que a sua identidade só vai ser entregue com a sua renúncia, sua busca e sua intimidade com Deus. A renúncia gera uma desconstrução, uma dor, não é fácil, mas vale a pena.

Temos que procurar ficar no centro da vontade de Deus, pois a renúncia gera o maior milagre, a nova criatura, aquela que ama o Senhor, aquela que tem Ele como amigo, aquela que conhece o coração dEle. E quem renuncia tem acesso direto ao Pai.

Então, de um relacionamento abusivo, de um relacionamento em que tinha muitos fragmentos, como a esterilidade, a enfermidade e a falta de identidade, a perda, no meio do caminho, de algo que via como importante, no caso, o homem, entendi que a minha maior família, a minha maior conquista, era a minha salvação.

E jamais trocarei Deus por um relacionamento, ou por um filho, pois filhos são criados para viver os seus propósitos, conforme a vontade dEle; marido é escolhido para viver um propósito do Senhor nas nossas vidas e para acrescentar naquilo que é a nossa identidade, e não naquilo que é a nossa prioridade. Nossa prioridade tem que ser a presença de Deus em nossas vidas. Quando priorizei Sua presença, ganhei vestes novas, ganhei habilidades no mundo espiritual, sabedoria, conhecimento, revelação profunda de Deus e a visão do céu.

Lendo, dentro do meu quarto, a palavra de Deus, tive um arrebatamento em espírito, no qual caminhava ao lado de muitas pessoas. Havia, naquele lugar, paz e alegria, e eu não queria sair daquele ambiente. Conforme caminhava, via portões dourados e um trono muito grande. Voltei dessa experiência com meu filho me chamando. Foi a experiência mais extraordinária que vivenciei dentro do meu quarto.

Precisamos destacar a presença, pois é ela que vai nos levar a viver o sobrenatural de Deus. O Espírito Santo e a amargura não podem coexistir em uma mesma pessoa. Aquilo que o Senhor tem para você é maior do que qualquer frustração. A vida, às vezes, nos leva a momentos difíceis, nos quais sentimos fraqueza, medo, solidão ou, até mesmo, incertezas sobre o caminho.

Mas não se esqueça e nem despreze o grande Amor de Deus por você. Quando as lutas parecerem mais fortes, não desanime: Deus cuidará! As renúncias geram milagres. É preciso renunciar ao mundo para se aproximar de Cristo. E assim nasceu o quarto secreto. Hoje, procuro permanecer no centro da vontade de Deus e convido você a viver experiências impactantes no reino do Senhor.

Hoje, a minha maior realização é cumprir o meu chamado. O casulo é a preparação para voos altos. Não deixe o inimigo paralisá-la. Tudo ao seu redor pode parecer confuso e caótico agora, mas é porque você está em construção. Você é um trabalho em andamento, a obra ainda não terminou. Para cada mulher, Deus fez uma planta e um projeto diferente.

Por isso, cada uma de nós somos quebradas e reconstruídas de forma única e proposital. Há um propósito na quebra e na desconstrução: fazer de cada uma de nós uma nova mulher. Você é uma obra em andamento: "Aquele que começou a boa obra, aperfeiçoará até o dia de Jesus Cristo." (Filipenses 1:6). Rompa, mulher! Busque a sua identidade no quarto secreto, e Deus vai honrá-la fora desse quarto. Fins são necessários para novos recomeços.

"A dor promove você para viver o propósito."

CÁTIA FERNANDES

DANIELA DE PAOLA

Sou Daniela De Paola Bastos, carioca, advogada, filha de Sandra e Francisco Rodrigues De Paola (*in memoriam*) e casada há 13 anos com Marcos Adriano, presente de Deus para mim.

Minha conversão foi no ano de 2001, por meio das orações da Pra. Djinane Martins; e meu batismo, em 2002, pelas mãos do Pr. Wilson José Queiroz Drigo.

Desde 2003, atuo no Ministério Infantil e, há 11 anos, congrego na ICNV (Igreja Cristã Nova Vida), em Nova Iguaçu, sob a liderança do Bp. Rubem Barreto, discipulada pelo Pr. Luiz Carlos Rodrigues de Oliveira. Louvo a Deus pela vida deles, incansáveis na obra do Senhor. Ministrar a palavra dEle aos pequeninos é uma honra para mim.

danielapaoladr

+55 (21) 98639-3447

dani40paola@gmail.com

05 Florescendo em Cristo

POR DANIELA DE PAOLA

Ano de 2020. No meu caderno de anotações, no dia 27 de abril, escrevi: "Deus é fiel e poderoso para cumprir Suas promessas." Passamos por diferentes estações na vida e, assim como as estações do ano, invernos e outonos fazem parte do viver. Existe um tempo de duração para cada uma das estações: as baixas temperaturas, os dias cinzentos e o frio têm fim, para que novos brotos, folhagens, flores e frutos se apresentem.

Deus tem um propósito em cada estação, para que Suas promessas se cumpram em nós e por meio de nós. Assim como os dias cinzentos e frios são propícios para reclusão, o calor da casa, comidas quentes, cobertores e roupas pesadas também são. Invernamos em Cristo, abrigadas nEle, seguras no aprisco do Bom Pastor. O Senhor sempre tem o melhor lugar para nós, lugar de proteção, lugar de consolo, lugar de paz, lugar de descanso, lugar de provisão.

Jesus é a porta para acessarmos esse lugar, Ele é o Bom Pastor das nossas almas. As adversidades, as lutas, as dificuldades, as aflições pelas quais passamos fazem parte do propósito e plano maior de um Deus, que é soberano, onipotente e fiel para cumprir tudo em todos. Os dias e as noites se revezam diariamente, todos os meses e anos da nossa existência.

Haverá sempre um amanhecer em Cristo para todos os que esperam nEle. O raiar do novo dia traz consigo novas expectativas, novas oportunidades e novos desafios, que são um presente para nós. Então, por que parar a caminhada? Por que paralisar? Por que temer? Não pare no meio do caminho! Deixe o Bom Pastor conduzi-la ao lugar seguro, onde há pastagens verdejantes e água fresca: "O choro pode durar uma noite, mas a alegria vem pela manhã." (Salmos 30:5).

Há refrigério e alívio para nós. A bondade de Deus nos sustenta, e o Seu amor nos constrange. Somos aquecidos nos invernos e outonos da nossa vida por esse grande amor. A proteção das intempéries de cada estação está em Jesus Cristo, o Verbo Vivo, a resplandecente Estrela da Manhã, a Luz dos Homens. O mau tempo, o vento forte, a seca, as tempestades e a nevasca congelante não paralisam ou interrompem os propósitos de Deus para nós.

Prossigamos a jornada rumo às promessas que Ele tem para cada um de nós. Não permita que sentimentos como tristeza, rancor, ódio, amargura e medo esfriem sua fé, endureçam seu coração e impeçam seu florescer. Alegre-se, perdoe-se e libere perdão para quem lhe feriu. Encha-se de fé, alimente-se da palavra de Deus.

Temos um manual de vida a nossa disposição: a bússola que norteia nosso ser, que nos dá vida em sua forma plena, total e verdadeira, que é a Bíblia. Nela, por meio dos seus ensinamentos, somos impactados, constrangidos, preenchidos pelo amor ágape do Pai. Incondicionalmente, respeitosamente, delicadamente, intimamente, Deus me ama, Deus ama você.

Que amor é esse? Esse amor é inexplicável. É perfeito! Então por que se sentir triste, amedrontada, amargurada, sozinha, abandonada e rejeitada? Levante-se agora, pois o Bom Pastor chama você nesta hora para uma nova vida, para uma nova estação.

As folhas caem no outono, escassas são as chuvas, as temperaturas são mais amenas, o tempo da luz solar ao longo dos dias torna-se mais curto; é a estação de transição, mudanças e desapego.

O que precisamos mudar em nós? Quais emoções tóxicas devemos lançar fora? Prepare-se para passar de um lugar de dor para um lugar de acolhimento em Deus.

Chega o inverno com noites bem mais longas, dias nublados, tempo seco e frio; a vegetação perde o viço, enfim, diminuímos o ritmo, descansamos mais. O corpo sente a ausência do calor, os olhos sentem falta da luz do dia, das cores do verão e nos recolhemos em nós mesmos. Mas não é a estação final. Apesar dessas características tão gélidas, o inverno simboliza renovação. Maravilhosa é a criação de Deus, perfeita em todos os aspectos, simples e tão grandiosa. Reflete o Amor incondicional dEle por nós.

Está pronta para, nesse cenário frio, cinzento, difícil, desfavorável, ser renovada por Ele? Lembre-se: você está guardada no aprisco do Bom Pastor.

Nesse lugar de provisão e cuidado, há sustento, descanso e preparação para uma nova etapa, uma nova fase, uma nova estação para você e para mim: "Teu é o dia; tua também é a noite; a luz e o sol, tu os formaste. Fixaste os confins da terra; verão e inverno, tu os fizeste." (Salmos 74:16-17).

Tudo isso representa o amor de Deus e Suas qualidades absolutas, incomparáveis com qualquer outro tipo de amor, cheio de misericórdia e perfeito. Confie no Senhor, não duvide das Suas promessas para sua vida, faça do seu tempo um aliado, persevere e não desista! É chegado um novo tempo, uma nova estação.

A primavera desponta com suas flores, cores, cheiros, viço e chuvas regando a terra, transformando o deserto num manancial de águas que correm levando vida e vigor por onde passam. O que estava seco recebe vida, novas folhagens e novos brotos se desenvolvem, a terra enfloresce e frutifica. Que estação linda! Quem não gosta da primavera? Em qualquer lugar do mundo, ela é desejada, do mais inóspito e gélido país àquele que passa por dias não tão frios, mas por grandes secas. Todos aguardam e, até mesmo, festejam sua chegada. Tudo se transforma, nasce, brota, enfim, floresce. E é dessa forma conosco também: florescemos, frutificamos, progredimos e resplandecemos em Cristo, transformadas e vivificadas pela palavra de Deus.

Toda energia que conservamos e armazenamos no inverno das nossas vidas, usamos agora para desenvolvermos os propósitos dEle e alcançarmos as Suas promessas. O cenário mudou, a paisagem está colorida pelas flores que brotaram no nosso jardim, acabou a sequidão, nossa terra está verdejante, cheia de vida e fulgor, entusiasmo e adoração: "O deserto e a terra seca se alegrarão; o ermo exultará e florescerá como o narciso." (Isaías 35:1).

Nada foge do controle de Deus. Creia, o Senhor jamais a abandona, esquece de você ou a deixa só. Ele não mente, nem é inconstante. Rocha eterna é o nosso Deus, temível e terrível em Seus atos, feitos e obras para conosco. Por que temer ou duvidar? Estamos seguras e guardadas, livres e determinadas, restauradas e transformadas pelo autor e consumador da nossa fé: Jesus Cristo, o Filho de Deus.

A quem podemos comparar Deus? O Criador de todas as coisas, que tem contadas as galáxias e suas estrelas, as quais chama cada uma pelo nome e nenhuma falta em sua memória. Ele não se cansa e nem fadiga, Sua sabedoria é insondável e absoluta. Nossa vida não passa despercebida diante dos Seus olhos. Nunca, jamais, em hipótese alguma, sinta-se esquecida. Ele chama você pelo nome. Quanto amor!... "Ó profundidade da riqueza, tanto da sabedoria como do conhecimento de Deus! Quão inexplicáveis são os seus juízos, e quão insondáveis são os seus caminhos!" (Romanos11:33).

A nossa primavera é Cristo. NEle há cura, libertação, transformação, mudança de rota, consolo e conforto para nossa alma. Aleluias! Louvado seja o nome do Senhor em todo tempo! Ele nos coroa de alegria e tira o luto dos tempos difíceis, derrama Seu óleo sobre nós e cessa nosso choro, dá-nos vestes novas de adoração, em vez de espírito angustiado. Que transformação! Que mudança radical em nossa vida! Jesus trabalha no todo do nosso ser interior e exterior.

Ano 2021, 15 de maio, início do inverno na minha vida. Diagnosticada com covid-19, fui hospitalizada com 25% do pulmão comprometido e recebi tratamento durante 5 dias. Não precisei ser entubada, mas foi um tempo difícil, de incertezas, mas de plena convicção de que Deus tinha algo para tratar em mim e fazer por meio de mim.

Na minha impossibilidade e debilidades física e emocional, Deus manifestou Seu poder naquele lugar, naquela enfermaria. Meu respirar estava (e está) nas mãos do Todo Poderoso, bem como o meu falar.

O meu testemunho de conversão, fé e experiências com Deus foram usados para falar aos corações das 4 equipes de enfermeiros. Não penso que foram eles os mais privilegiados, mas, sim, eu por poder ser canal de bênção para aquelas vidas. Aprendi a não olhar para as circunstâncias, para os ventos e tempestades que se apresentam vez por outra na minha vida, afinal, hoje sei que são elas que forjam o meu caráter em Cristo.

Após 30 dias da minha alta hospitalar, meu esposo sofreu um infarto. A paisagem invernal tornou-se terrivelmente gélida e cinzenta. Era a vez dele, meu esposo, ser tratado. Com Deus trabalhando, nunca tive dúvidas. O cuidado dEle nunca cessou. O interessante é que, nesse intervalo entre a minha recuperação e o infarto do meu esposo, Deus me fez uma promessa, falando de forma audível, clara e incontestável que eu estava nas mãos dEle e que não haveria nem barreiras, nem fronteiras para mim, pois verdadeiramente estou em Suas mãos. Creia, é no cenário de dor, choro, angústias e incertezas que somos transformados.

Ano 2023, 29 de abril, tempo de florescer, a primavera chegou. Cumpre-se, então, o tempo da promessa. Recebi o convite para ser coautora desta obra maravilhosa, cumprindo o chamado da vocação e eleição por meio de Jesus Cristo. Vale a pena estar na presença do Eterno Deus e servi-Lo, amando-O de todo o coração, com todo o meu ser. Sou grata a Ele por tudo, pelos outonos, invernos, primaveras e verões pelos quais passei e passarei, porque minha vida não me pertence mais, minha vida é dEle.

Dessa mesma forma, é com você, caro leitor(a). Renda-se Àquele que o(a) criou, que chama você pelo nome, que conhece o mais profundo do seu ser, cujas misericórdias se renovam a cada manhã, cujo amor não cessa e é incondicional. Levante-se, corra para o aprisco do Bom Pastor: "Eu sou a porta. Se alguém entrar por mim, será salvo; entrará, sairá e achará pastagem." (João 10:9).

Não hesite em entregar sua vida nas mãos de Deus. Lembre-se de que há um lugar de descanso, refrigério e salvação para aqueles que estão em Cristo. E Ele espera você de braços abertos, cheio de amor e perdão, para transformar sua vida, dar-lhe paz e refrigério, sarar suas feridas, ressuscitar seus sonhos, restaurar você por completo. Receba vida agora! Seja livre! Floresça e frutifique em Cristo!

“

As estações da vida
não me limitam, e
sim me inspiram
e preparam
para cumprir os
propósitos que
Deus tem reservado
para mim.

”

DANIELA DE PAOLA

ELEUSA MATOS

Sou filha amada dos pais mais maravilhosos que os céus podiam dar para alguém, Elizeu e Eunice, meus mestres e meus pastores; esposa apaixonada pelo homem que me fez mulher e é digno de todo o meu respeito e todo o meu amor, Jorge Gracindo (amarei você para sempre); mãe das lindas princesas, Thalyta, Sulamyta, Keyla e Eunyce (vocês são minha fonte de inspiração para continuar sempre e não desistir nunca). Tudo por vocês.

Sou sogra de três guerreiros, Santiago, Ezequias e Antônio (vocês são os filhos homens que Deus me deu de presente); avó dos lindos Abraão e Antonella (vocês me fizeram conhecer a graça — amo tanto!); serva do único e eterno Deus, a Quem devo tudo o que sou e tenho. Também sou autora de duas espetaculares obras, com quase 20 mil exemplares vendidos: *Negra, Pobre, Gorda, Crente* e *Colocando a Casa em Ordem*.

matoseleusa

+55 (21) 98685-1614

06 A chave que liberta: Perdão

POR ELEUSA MATOS

No capítulo 59 do profeta Isaías, há uma enorme lista dos pecados de Israel. Eram muitos os pecados praticados pelo povo de Deus, denunciados pelo profeta nesse capítulo, mas um deles me saltou aos olhos: "Chocam ovos de basilisco e tecem teias de aranha; aquele que comer dos ovos deles morrerá; e, apertando-os, sai deles uma víbora." (Isaías 59:5).

Que pecado seria esse a ponto de ser descrito de forma tão aterrorizadora? Seria adultério? Prostituição? Costumamos falar muito sobre pecados praticados pelo corpo, mas por que falamos tão pouco sobre os pecados praticados pela alma? Ressentimento? Talvez você pense: "Esse pecado eu não tenho."; "No meu coração, não tem lugar para o ódio."; "Não sou uma pessoa ruim. Não guardo mágoa de ninguém." Raiva, ódio e ressentimento: seriam tais pecados a mesma coisa?

Li, certa vez, a história de um pastor que tinha o dom de orar pelas pessoas e elas serem curadas pelo poder do nome de Jesus. Em certa ocasião, ele orou por uma mulher que estava com problemas sérios de atrofia nos ossos. Uma semana depois, ela voltou pior do que estava antes. O pastor orou de novo com fé e se despediu crendo que a cura se concretizaria. Que nada! A mulher retornou, alguns dias depois, pior do que nos dias anteriores.

O pastor então perguntou a Deus o que estava acontecendo e recebeu o seguinte discernimento: havia pecado de ressentimento que precisava ser confessado e deixado. Assim, foi direto ao ponto com a mulher: "Irmã, o Espírito me revela que seu coração está com impurezas. Diga-me, de quem tem raiva? Quem a irmã odeia?". Ela, prontamente, lhe respondeu que não tinha raiva de ninguém, que no coração dela não tinha espaço para o ódio.

Então, o Espírito deu ao pastor a clareza da revelação e disse: "Meu servo, não é questão de raiva e de ódio. Pergunte de quem ela gosta menos." E a mulher começou a chorar e contou: "É, pastor, essa lista agora é grande." Fez a lista de inúmeras pessoas das quais gostava menos, arrependeu-se diante do Senhor e foi completamente curada.

Essa é a pergunta que lhe faço neste instante: "De quem você gosta menos?"

"Chocam ovos de basilisco e tecem teias de aranha"

Tudo começa com um pensamento aparentemente inofensivo: "aquela vizinha me olha de forma estranha"; "por que minha sogra nunca gostou de mim?"; "meu marido nunca elogia o que faço, mas adora rasgar elogios para a mãe dele."; e "fulana fica me vigiando nas redes sociais, mas não curte nada, porque tem olho na minha vida."

É assim o começo de tudo. Uma ideia fixa na mente, desce para o coração e inicia "o chocar dos ovos de basilisco" (lagarto ou serpente fabulosa, cujos olhar e bafo teriam o poder de matar). Como as teias saem das entranhas da aranha, assim o ressentimento é tecido dentro de nós. Como as teias de aranha estão lá e nunca sabemos o início e o fim delas, assim é o ressentimento: depois de concebido, não conseguimos nem mais nos lembrar de como tudo começou e não temos a previsão de quando e como acabará. E pensar que tudo começou apenas com um pensamento que não foi levado à obediência de Cristo.

A vizinha do olhar estranho passa a ser a pessoa que está trabalhando na feitiçaria para me destruir. A sogra se torna a bruxa feiticeira que quer acabar com meu casamento. O marido que não me elogia passa a ser aquele que está de olho em outra mulher e/ou tem uma paixão "demoníaca" pela mãe. A pessoa que não me curte nas redes sociais torna-se a maior fofoqueira e invejosa do meu ministério.

E pensar que tudo começa de uma forma tão simples e ganha uma proporção que ninguém mais controla. Pensamentos que se transformam em um imenso lagarto de olhar e bafo mortíferos, o tal basilisco. Mentes doentes, mentes descontroladas. Algo que era somente uma cogitação, de repente, torna-se tão "verdadeiro" que ninguém consegue fazer as pessoas mudarem de ideia. E o pecado continua.

"Aquele que comer dos ovos dele morrerá"

Pense em alguém que nunca lhe fez mal, mas, mesmo assim, você não consegue 'ir com a cara'? Ah, você comeu ovo de basilisco de alguém! Não quero fazer apologia a pecado algum, mas já reparou que quem adultera ou se prostitui quer, de alguma forma, esconder o pecado? Mas ressentimento, não. Quando se tem ressentimento de alguém, o que se quer é contaminar a todos com o veneno ingerido. Envenenar os outros é quase uma necessidade crônica: "Cuidado com fulano! Não vale nada!"; "Sorriso lindo, mas cuidado com ela!"; "Vigia com fulana! Engana todo mundo.".

Qual prazer as pessoas sentem ao repartirem ovos de basilisco? Elas sabem que alguém sempre irá comê-los. E a Bíblia diz que: "quem come desse ovo morre!" O ressentimento tem esse poder: famílias inteiras são contaminadas por ovos de basiliscos. A intenção de quem choca os ovos é a seguinte: "se eu não gosto, ninguém vai gostar também", "se não vive comigo, também não vai viver com ninguém".

Livrar-se desses ovos não é uma tarefa fácil, as redes sociais estão empesteadas por eles. Pessoas que nem conhecemos e de quem simplesmente não gostamos e pronto. É um tempo de muito ressentimento e de muita falta de amor, mas ainda há remédio em Gileade, para quem almeja a cura. Aleluia!

"E apertando-os, sai dele uma víbora"

Tudo o que é chocado, um dia, nasce. E o profeta Isaías diz que: "o que sai de dentro desses ovos é uma víbora, a tal serpente fabulosa, cujos olhar e bafo possuem o poder de matar: o basilisco." Imagine a cena: para cada ressentimento, uma víbora desfilando em seu coração.

"Eis que as mãos do Senhor não estão encolhidas para que não possa salvar. Nem os ouvidos agravados para que não possa ouvir. Mas os vossos pecados fazem separação entre vós e vosso Deus para que não vos ouça." (Isaías 59:1-2).

Imagine você orando com aquele fervor, suplicando a Deus por algo de que tanto necessita. Ora, Deus ouve sua voz e, do seu trono, Ele se inclina para você e contempla o seu coração. É importante ressaltar que Deus sempre nos olhará de dentro para fora. Ele não olha o tamanho da nossa Bíblia ou a nossa roupa quando oramos, Ele se inclina e olha para os nossos corações. E, então, o que Ele vê? Inúmeras víboras desfilando entre milhares de ovos de basilisco.

"Não gosto daquela vizinha": uma víbora no coração; "não gosto da minha sogra": mais uma víbora no coração; "não gosto daquela irmã/irmão": mais uma.

Imagine esse cenário diante dos olhos de Deus. Neste momento, quero que você imagine a quantidade de víboras que já nasceram e de ovos que ainda estão sendo chocados dentro do seu coração. Quando você ora e Deus se inclina e vê esse cenário, o que acha que o Eterno faz? O que você faria? Esconderia o seu rosto? Entendeu o porquê de tantas orações e súplicas não atendidas? Ele não está surdo, as mãos não estão agravadas. Ouça o que o profeta diz: "São os vossos pecados."

E agora, o que fazer? Pedir a Jesus que venha destruir esses ovos? Pedir ao Salvador para arrancar tudo isso do seu coração? Será que Jesus que deve fazer isso?

Em Lucas 17:3-6, está dito:

"E, se teu irmão pecar contra ti, repreende-o; e, se ele se arrepender, perdoa-lhe; disseram, então, os apóstolos ao Senhor: acrescenta-nos a fé'. E disse o Senhor: se tivésseis fé como um grão de mostarda, podeis dizer a esta amoreira: desarraiga-te daqui e planta-te no mar, e ela vos obedeceria."

"Perdoa-lhe!", Jesus insistiu em dizer o que os discípulos deveriam fazer: perdoar. Mas os discípulos insistiram em querer espiritualizar o perdão e responderam: "Acrescenta-nos a fé, Senhor.". Percebemos nas entrelinhas eles devolvendo a responsabilidade para Jesus: "Aumenta a nossa fé que a gente perdoa."

Jesus devolveu a responsabilidade e disse que eles deveriam dar a ordem para a amoreira (seria o ressentimento?) sair dali (seria do coração?) e ir para o mar (seria o mar do esquecimento, como Ele fez com nossos pecados?), e a amoreira lhes obedeceria. Em outras palavras, Jesus estava dizendo que Ele não tiraria nada do coração daqueles homens, eles é que teriam de fazer isso. Jesus deixou bem claro para os discípulos e para nós que perdoar não é sentimento, é ação.

Em Lucas 10:19, Ele diz: "Eis que vos dou poder para pisardes serpentes e escorpiões, e toda força do inimigo e nada vos fará dano algum." O momento de perdoar e deixar ir é agora. Não precisa sentir no coração para fazê-lo. Pare com esse negócio de dizer que está esperando Deus tocar você para perdoar. Pare de mistificar o perdão e perdoe. Diga: "Fulano, eu o perdoo. Eu libero você agora e digo: 'Vá! Você não me deve mais nada. Não importa se você se arrependeu ou não. Não importa se você me pediu perdão ou não. A decisão não é sua, é minha. Eu o perdoo'. Agora, amoreira e ressentimento, eu lhes digo: 'saiam do meu coração e se lancem no mar'. Serpente, o Senhor Jesus me deu poder para lhe pisar. No nome de Jesus, eu piso em cada víbora e em cada ovo que passeiam em minhas emoções. Estou livre! Perdoei e sei que sou perdoada. Perdoada! Isso que sou nEle hoje e sempre. Perdoada!".

Quando vier a tentação de falar mal da pessoa perdoada, repita essas palavras quantas vezes for preciso. Não confunda perdão com reconciliação. Não estou falando para você ir pedir perdão a ninguém, estou falando para perdoar. Você não precisa da outra pessoa para fazer isso. Faça isso agora mesmo, e Deus se encarregará de marcar a reconciliação quando a amoreira já estiver não somente lançada, mas plantada no fundo do mar.

Percebeu que há um tempo necessário para que a amoreira troque o lugar de enraizamento? A raiz era no seu coração, agora é no mar. Requer um tempo, e Deus, que habita nos oceanos e nos mares e perscruta os corações, sabe o momento certo de marcar a reconciliação, caso seja necessária. Resolva isso agora em nome de Jesus! Pise nesses ovos, pise nessas víboras e viva o novo de Deus. Os céus de bronze se desfarão e todas as bênçãos, que estavam impedidas no mundo espiritual, chegarão à sua vida. Viva o que diz Lucas 6:37-38: "Soltai e soltar-vos-ão." Aleluia! Obedeça! Perdoe! Deixe ir! Solte e será livre em nome de Jesus. Amém!

"O momento de perdoar e deixar ir é agora. Viverás acorrentado até quando? Perdoa!"

ELEUSA MATOS

PSI. ELLEN CRISTI SARMENTO

Sou Ellen Cristi Ramos Sarmento, natural do Rio de Janeiro, capital. Resido na Barra da Tijuca com meu amado esposo, Jorge André Angelim Sarmento, com quem namorei e me casei há 6 anos, e nossa princesa, Hellena Cristi Ramos Sarmento.

Sou psicóloga, neuropsicóloga, terapeuta EMDR, escritora e mentora. Acumulei mais de 7 mil horas de atendimentos individuais e em grupo, guiando pessoas a viverem sua melhor versão. Tenho mentorados e pacientes pelo Brasil, Portugal, Moçambique, Estados Unidos e Reino Unido.

Agradeço ao meu amado esposo, Jorge Sarmento, por ser um grande ativador do meu chamado e da minha missão; à minha princesa, Hellena Cristi, por renovar minhas forças; e, aos meus pais, Paulo Ramos e Marilea Ramos, por me ativarem e me impulsionarem a ter chegado até aqui.

psiellencristi

Canal Ellen Cristi Sarmento

07 Naamã: Uma jornada de redefinição por meio de sete emoções

POR PSI. ELLEN CRISTI SARMENTO

A Bíblia é repleta de personagens cujas histórias transcenderam os tempos e continuam inspirando gerações. Entre esses personagens, Naamã se destacou como uma figura complexa e multifacetada, cuja jornada era marcada por uma variedade de emoções intensas. Da ambição à ressignificação, a história de Naamã nos proporcionou uma oportunidade única de explorarmos as profundezas da condição humana com base em sete tópicos fundamentais: ambição, aversão, culpa, depressão, orgulho, frustração e reconstrução.

Na jornada desse personagem chamado Naamã, um grande homem de valor, como está relatado em 2 Reis 5-3, os grandes ensinamentos e lições que são deixadas ao longo de sua vida nos remetem a essas sete emoções ativadoras, que poderemos aplicar em nossa caminhada. Inicialmente, temos que Naamã era conhecido, bem-sucedido, porém leproso. E houve algo fundamental na sua jornada: uma menina que servia em sua casa, uma pessoa humilde, foi instrumento para sua caminhada rumo à cura.

E, mesmo essa menina sendo uma escrava, ela liberou algo profético sobre a vida desse homem. Sabemos que, no decorrer dessa jornada, ela o instruiu a buscar o profeta Elizeu, mas ele não a ouviu e procurou o rei. Temos que Naamã, quando foi em busca de sua cura, por achar que se tratava de uma questão diplomática, foi até o rei de Israel, mas esse não tinha a resposta. Assim, as notícias chegaram aos ouvidos do profeta e ele mandou dizer ao rei que ainda havia um profeta em Israel.

Quando Naamã foi até o profeta, não foi recebido com as honras de general, e sim como um leproso. A interpretação que podemos ter diante desse fato é que Deus sabe nos confrontar e se revelar a nós, sempre nos fazendo entender que, a todo momento, somos confrontados em nossa altivez, soberba e, acima de tudo, somos impactados quando o auxílio vem de uma pessoa que, a princípio, jamais poderíamos achar que seria um código de acesso à vitória e à cura, como a menina que era escrava na casa de Naamã.

Vale ressaltar que essa jornada era para a cura de uma doença incurável, mas a raiz do orgulho foi a grande cura, pois Naamã estava resistindo à voz de Deus. E vemos que esse processo de quebrantamento se deu quando ele iniciou seu procedimento de sete mergulhos no rio Jordão. A cada mergulho, viu-se que o seu coração estava temeroso, pois não via o milagre. Mas o milagre se deu no processo de quebrantamento: a cada mergulho, ele se via sem armadura, desnudo na frente dos seus soldados, exposto e expondo sua lepra. Porém a cura veio no sétimo mergulho, quando ele ressurgiu e estava com sua pele totalmente restaurada e sua alma rendida ao Deus de Israel.

Concluímos que o processo de Deus foi alcançar o orgulho de Naamã. Esse processo foi doloroso, mas gerou os sete códigos de aplicação prática a seguir.

1) Ambição

Não é uma qualidade, e sim algo tóxico para alma. Naamã, um comandante sírio valente e respeitado, personificou a ambição por meio de suas conquistas militares. Sua notoriedade militar o elevou a uma posição de destaque, fazendo com que ele fosse amplamente admirado. A ambição de Naamã o impulsionou a alcançar grandes feitos, mas também o cegou para as questões mais profundas de sua vida.

Para o tratamento da ambição, é preciso que a pessoa a substitua por seu real propósito de vida. As pessoas não são códigos de acesso somente, são relacionamentos para serem cultivados, não apenas usados.

2) Aversão

A aversão é um sentimento de repulsa ou de rejeição que pode afetar diversos aspectos da vida. Inclusive, é um termo abrangente e pode se referir a uma variedade de sentimentos, desde o simples desagrado até um repúdio interno. No que diz respeito à trajetória de Naamã, ele enfrentou uma aversão debilitante por conta da lepra. Essa doença desfigurante trouxe consigo o isolamento social e a desgraça. A aversão à própria condição física o forçou a confrontar sua vulnerabilidade para as questões mais profundas de sua vida e, inevitavelmente, a questionar o significado de sua existência.

A aversão gerou um grande impacto na vida de Naamã, produzindo efeitos crônicos, ou seja, afetando as relações pessoais e interpessoais. No quesito do isolamento, trouxe prejuízos a sua qualidade de vida. O processo de cura se deu quando Naamã compreendeu que sua condição o levaria a uma jornada de busca por respostas, quebrantamento e exposição, quando ele tirou a sua armadura e se banhou sete vezes no rio Jordão. Se ele não tivesse dominado sua aversão naquele momento em que precisava se expor, não teria alcançado a cura.

3) Culpa

A culpa é a censura cruel de si mesmo por ter tomado uma decisão errada ou não ter tomado decisão nenhuma. A busca por uma cura levou Naamã a uma virada inesperada. Uma jovem escrava israelita mencionou que um profeta em Samaria poderia curá-lo. A culpa começou a se infiltrar em sua consciência, pois ele percebeu que as ações passadas poderiam estar contribuindo para sua situação atual. A escrava se tornou um catalisador para a transformação de Naamã, destacando a importância de enfrentar as consequências de suas escolhas.

O processo de cura para a culpa começa a partir de hoje. Você deve compreender que errar é bom, mas não deve errar na mesma coisa. Quais as culpas que você carregava até o dia de hoje?

4) Depressão

A depressão é um distúrbio psíquico que determina períodos de tristeza e de baixa energia e está associada a questões reais e imaginárias. Às vezes, o distúrbio acontece após uma grande perda ou devido a uma dificuldade de lidar com a realidade e com mudanças para adaptação. A depressão também é o vício de ficar inerte a si e ao aprendizado dos outros.

Na narrativa bíblica, a lepra não só afetou a saúde física de Naamã, mas também lhe desencadeou uma profunda depressão emocional. A sensação de estar preso em um corpo definhado, combinada com a incapacidade de continuar liderando no campo de batalha, corroeu sua autoestima. A depressão reflete a batalha interna que Naamã travava enquanto tentava lidar com sua identidade em deterioração.

Erga-se, levante a cabeça e confronte a sua tristeza, para que você tenha uma nova perspectiva.

5) Orgulho

O orgulho é como uma taça de água com gás. No momento em que você a toma, fica cheio, mas depois o gás da água o(a) prejudica com uma má digestão. A busca de Naamã por cura o levou a Eliseu, o profeta israelita. No entanto, a prescrição simples de Eliseu, mergulhar sete vezes no rio Jordão, desencadeou o orgulho de Naamã.

Ele esperava uma cura grandiosa e dramática, mas a solução proposta parecia humilhante. Seu orgulho se tornou um obstáculo para sua caminhada.

O processo de cura do orgulho é quando compreendemos que ele nos afasta do propósito divino e do cumprimento de muitas promessas em nossas vidas.

6) Frustração

A frustração é a condição de quem se limitou a vencer seus próprios impedimentos. A luta entre o orgulho e a humildade levou Naamã a uma frustração palpável. Ele, relutantemente, seguiu as instruções de Eliseu, mas ainda enfrentava dúvidas e inseguranças. A frustração nasceu da sua luta interna entre a busca por controle e a necessidade de se render a um processo maior de cura e crescimento pessoal.

E o melhor processo para derrubar isso da nossa caminhada é aplicarmos toda a experiência para nos gerar crescimento, sempre rumo ao cumprimento dos desígnios divinos em nossas vidas.

7) Reconstrução ou ressignificação

Ressignificação é quando temos a capacidade de nos recompor emocionalmente e espiritualmente diante dos impactos que experienciamos em nossa jornada. O momento de reconstrução de Naamã veio quando ele, finalmente, se submeteu ao processo prescrito por Eliseu. Ao emergir das águas do Jordão, sua pele estava restaurada. Esse evento foi muito mais do que uma cura física, foi um símbolo poderoso de renovação espiritual e emocional. A jornada de Naamã o transformou de um guerreiro ambicioso e orgulhoso em um homem humilde e redimido.

A ressignificação é algo que nos ativa a viver o profético e o sobrenatural da nossa caminhada aqui na Terra e, sem ela, não conseguimos nos desenvolver e prosseguir, assim como Naamã, que foi além dos sete mergulhos e viveu uma nova história.

Aqui, desejei compartilhar a trajetória de um grande homem, que se encontra relatada no livro de 2 Reis. Ele era um grande general e homem honroso, de nome Naamã. E o que narrei dessa trajetória e desse homem é que ele, apesar de ser bem-sucedido em todos os aspectos de sua vida, tinha uma doença que, na sua época, era letal e sem cura. Ou seja, como relata uma das frases mais icônicas do texto: era bem-sucedido, porém leproso.

Mas algo na sua jornada em busca pela cura, em que uma simples menina serviçal foi o canal de instrução dessa cura, foi visto. Mesmo aquela menina sendo uma serviçal e escrava, ela liberou algo sobre a vida de Naamã. A história de desse homem é uma narrativa cativante que encapsula a rica tapeçaria das emoções humanas.

Sua jornada de ambição, aversão, culpa, depressão, orgulho, frustração e reconstrução serviu como um lembrete atemporal de que a vida é uma experiência complexa e multifacetada. À medida que exploramos a trajetória emocional de Naamã, somos lembrados da capacidade do ser humano de se reinventar e encontrar redenção, independentemente das circunstâncias.

Finalizo esta linda reflexão trazendo que o Rio Jordão, no qual Naamã se banhou, simboliza Cristo, que o limpou de dentro para fora; a menina, por meio do seu testemunho, representa o evangelho; o profeta Elizeu simboliza a pessoa de Deus, que deu a instrução de como ele acessava à restauração e à plenitude de sua cura.

“A ousadia é o combustível para prosseguirmos em nossa caminhada, mas ela jamais fere a humildade.”

PSI. ELLEN CRISTI SARMENTO

PRA. EMILENE DE CASTRO

Eu me chamo Emilene, sou esposa do pastor Eliel de Castro, presidente da Assembleia de Deus (AD) Brás Cruzeiro, sob a benção e direção dos nossos líderes, bispo Samuel Cássio Ferreira e bispa Keila Ferreira. Sou mãe do Lucas e da Maria Luiza, e filha dos meus queridos pais, Airton e Marília.

Sou pastora também, missão em que me descobri como conselheira de mulheres e casais, junto ao meu esposo. Tenho como objetivo que os lares sejam alcançados e edificados pelo poder da presença de Jesus e do diálogo. Coloco-me à disposição em minhas redes sociais.

pra_emilene

Emilene Favoreto de Castro

emilenefavcastro@gmail.com

08 A dor que Deus permite no presente amadurece nosso futuro

POR PRA. EMILENE DE CASTRO

Jesus disse uma frase em uma ocasião de dor, de morte e de sofrimento para uma mãe a caminho do sepultamento do seu único filho, sua única esperança. Ela já tinha passado pelo luto de seu marido, estava viúva e já carregava uma dor. No caminho para sepultar seu filho, teve um encontro com Jesus, e ele lhe falou: "Não chores!".

O Senhor Jesus estava nos despertando nesses dias para um espírito intercessor. A simples omissão de Jesus como intercessor interromperia de vez os propósitos daquela mãe, mas, ao contrário, Ele parou, intercedeu ao Pai e trouxe de volta, por meio da intercessão, o sonho daquela mulher. Eu tive pessoas que intercederam por mim no meu momento de luto, que chegaram até mim para dizer: "Não chores, Emilene."

Eu me identifico com essa passagem, não apenas pela ressurreição que Jesus realizou no menino, mas, também, pelo que o Salvador fez com ele após o milagre realizado e por aquilo em que se transformou. No capítulo 7 de Lucas, versículo 16, a Bíblia diz assim: "Um grande profeta se levantou entre nós e Deus visitou seu povo."

Nós, como igreja e corpo de Cristo, podemos atrair a visitação de Deus aos ambientes por meio da fé e da restauração da palavra. Precisamos, em dias de caos, crises e dilemas, despertar-nos por meio da palavra, pois a crise é apenas um cenário passageiro. Podemos transformar ambientes de luto, dor e morte em ambientes de milagres.

O capítulo 37 do livro de Ezequiel descreve que o profeta foi levado para um cenário de "ossos secos", vidas perdidas e sonhos interrompidos. Foi nesse exato momento que Deus visitou aquele lugar em uma visão espiritual e, acompanhado pelo profeta, começou a descrever um novo cenário, onde era possível, por meio do seu poder, que aqueles ossos secos revivessem.

Por meio da palavra de Deus, cremos que, como está escrito em Hebreus 13, versículo 8, "Jesus Cristo é o mesmo, ontem, e hoje, e eternamente". Quando a palavra é restaurada, nossa fé em Deus se torna inabalável. Passamos a crer no impossível e a entender que o agir do Senhor não muda. Quando a nossa fé é ativada, sentimentos contrários são destruídos dentre de nós e passamos a ser pessoas inabaláveis. Precisamos lembrar que, quando estamos baseados na palavra, por pior que seja, o processo nunca afetará o propósito.

A palavra de Deus restaura os ambientes escuros

"Lâmpada para os meus pés é tua palavra, e luz para o meu caminho." (Salmos 119:105)

Não importa o tamanho do vale, pode ser até que o fundo do poço seja nosso último ambiente, mas, quando voltamos para Deus, nossa dor começa a ser cicatrizada. Sabemos que a dor é algo desconfortável gerado por uma desordem dentro de nosso corpo. A dor é a prova de que estamos lutando e vamos buscar o milagre que Deus tem para nos entregar. Suporte o processo por meio da graça que há em Cristo Jesus.

Nos momentos de dor, recuse o pânico. Acalme-se e tire um tempo para ouvir a doce e calma voz do Espírito Santo: "Bom é o Senhor para os que esperam por ele, para a alma que o busca; bom é ter esperança e aguardar em silêncio a salvação do Senhor." (Lamentações 3:25,26).

Deus me levantou como uma profeta, como pastora, como uma ajudadora de mulheres que passaram pelo processo da dor, da perda e da morte. Quero compartilhar minha experiência com Deus no processo da dor e falar a você: mulher, "não chores"; esposa, "não chores"; mãe, "não chores". Jesus chega ao seu encontro, hoje, dizendo isso: "não chores", porque, aonde Jesus chega, o cenário muda.

Quando me casei, meu maior desejo era ser mãe. Como todo casal que começa uma vida, o nosso projeto maior era aumentar a família. Engravidei um ano depois de ter me casado, e foi uma alegria imensa na família, pois era o primeiro neto, o primeiro sobrinho e nosso primeiro filho.

Os primeiros meses foram normais como mãe de primeira viagem: muito ansiosa. No quinto mês, já tinha o quarto preparado. Uma noite antes da minha consulta, terminei de arrumar as gavetas com todas as roupinhas lavadas, passadas e dobradas. Na minha consulta, algo preocupante alertou o meu médico: minha pressão arterial estava alterada. Então, ele me receitou um remédio, orientou-me, observou-me e mandou-me para casa.

No sexto mês, meu esposo precisou cumprir uma agenda da igreja em uma cidade muito longe, Vitória, no Espírito Santo. Por isso, fui para casa da minha mãe. Isso foi em uma sexta à noite. Na madrugada, comecei a sentir fortes dores na nuca e no estômago, acordei minha mãe e fomos para o hospital. Fiquei internada o fim de semana todo e, no domingo à noite, meu esposo chegou ao hospital e passou a noite comigo.

Recebi alta na segunda-feira, e fomos para casa com a orientação de observarmos a pressão. Mas o quadro só piorou e, sem conseguir controlar a pressão em casa, tive que ser internada novamente para ser acompanhada mais de perto. Começou, então, um processo de muita dor, pois os meus braços já não suportavam mais aquele aparelho de aferir a pressão. Utilizava ele de hora e hora e doía muito. Toda vez que a enfermeira vinha, eu chorava. Tentaram aferir nas pernas, mas foi inútil, porque elas estavam inchadas, e não obtivemos resultado. O jeito foi suportar as dores nos braços.

Todo o meu corpo estava tomado por água; eu estava com 7 quilos e meio de água retida por todo o corpo. Fiquei com o rosto deformado, pés, pernas, tudo inchado. Tinha dificuldade até para andar sozinha. Foi quando o médico se reuniu com meu esposo e com minha mãe para falar sobre fazer a cesariana, para tentarem salvar a vida do bebê ou, caso contrário, perderiam os dois. Então, fui para o centro cirúrgico e, quando começou o processo do parto cesáreo, comecei a ficar muito mal: meus lábios secaram, sentia uma sensação de morte, e minha pressão chegou a 23 por 12.

Porém, todo o tempo, estava confiando no poder de Deus. Havia um exército em oração, e eu pedia em pensamento: “Espírito Santo, cuida de mim!”.

Quando o bebê nasceu, o médico só me disse: “É um menino!”.

Ah! Que alegria, meu Felipe, meu bebê!... Mas não pude vê-lo, pois ele foi levado direto para UTI. Eu continuava crendo no poder da oração. Meu esposo teve coragem para ir até a UTI, onde nosso filho estava, e lá orou, chorou e o bebê segurou na ponta de seu dedo.

Fui para o quarto, e meu esposo estava comigo. O quarto era ao lado da UTI neonatal, então dava para ouvirmos a sirene de alerta quando o bebê entrava em sofrimento. Nesses momentos, estendíamos as mãos e orávamos com fé; o barulho se cessava. No dia seguinte, meu esposo foi trabalhar e me disse: "Descansa enquanto sua mãe não chega." Foi o que fiz, peguei no sono. Fui acordada por uma mulher vestida de branco me chamando e perguntando: "É você que é Emilene?". A que respondi: "Sim!". Ela, com toda a frieza, falou-me: "Seu bebê morreu! Quer vê-lo ou quer que chame alguém?".

Sem querer entender aquelas palavras, perguntei: "O que foi que houve?" Ela, sem se importar, respondeu com a mesma frieza: "Seu bebê morreu! Quer vê-lo ou quer que chame alguém?". Pedi para que chamasse minha mãe, e a mulher virou as costas e saiu. Ela era a médica da UTI neonatal. Quando minha mãe chegou, deparou-se com um cenário triste, de dor e de muito choro. Meu único desejo, naquele momento, era sair de lá, ir para casa e sofrer a minha dor sozinha. Não tinha mais sentido ficar ali, só queria ir para casa. Estava inconsolável.

Minha mãe, muito sábia, esperou eu chorar, segurou minha cabeça com as duas mãos, olhou bem dentro dos meus olhos e falou: "Não chore mais! Não questione a Deus."

Podemos perder o propósito, mas nunca a presença de Deus. Foi nesse exato momento que tive que ressuscitar uma Emilene forte para enfrentar tudo o que ainda tinha pela frente. Entendi que a vontade de Deus é boa, perfeita e agradável. Entendi que dali sairia sabendo quem era Deus e quem eu era em Deus.

O médico veio e me sedou, pois minha pressão ainda estava muito alta. Meus pais cuidaram de toda a parte burocrática, de todo o enterro. O Eliel, meu amado esposo, esteve todo o tempo ao meu lado; mesmo quando eu estava dormindo, ele ficou ali. Passados dois dias, ainda estava no hospital. Quando fui tomar banho, o meu leite desceu, escorreu ralo abaixo, e muitas lágrimas corriam junto com ele. Foi uma sensação muito dolorosa, pois saber que eu tinha o leite, mas não tinha para quem dá-lo, doeu muito. Porém, estava passando por um processo de amadurecimento, e, depois que você entende, suporta o processo para alcançar seu propósito.

Saí daquele hospital sem o meu filho nos braços e com uma sentença do meu médico: "Você não pode mais engravidar, porque corre o risco de passar por tudo de novo." Saí sem questionar o Dono da vida, mas crendo que Ele ainda realizaria seus propósitos na minha vida. A sentença foi dada pelo homem, mas a última palavra vem de Deus.

O Senhor me levantou como uma profeta, como uma pastora, também me levantou como mãe e me deu dois filhos lindos: o Lucas, que na Bíblia era o discípulo de Jesus e o médico mais conhecido dos evangelhos, e a Maria Luiza, que na Bíblia ficou aos pés de Jesus; servos do Senhor e que são os meus tesouros.

Hoje, consigo falar sobre esse assunto, mas, por um bom tempo, não falei.

O que quero compartilhar com você, querida leitora, é: "não chores mais", mas, sim, levante-se em meio a essa dor, como uma profeta, e declare sobre esse funeral o poder de Deus de ressuscitar sonhos, de ressuscitar seu casamento, de ressuscitar seus filhos, de ressuscitá-la para viver algo novo que Ele tem preparado para você.

Faça como Ezequiel no capítulo 37, quando profetizou sobre aquele vale de ossos secos e ali se levantou um grande exército. Levante-se, mulher; levante-se, mãe; levante-se, esposa! E creia no poder dos joelhos que se dobram. A dor não para você, ela a aproxima de Deus.

"Para nos tratar,
Deus mata
nossos sonhos."

PRA. EMILENE DE CASTRO

FABÍOLA FERNANDES

Sou convertida desde os 17 anos. Com o anseio de viver o ministério, iniciei, há 20 anos aproximadamente, meu programa gospel de rádio e TV, com expressiva audiência local. Sou formada em Jornalismo desde 2013. Em 2019, concluí o curso de Psicanálise Clínica e, junto a isso, veio o ruir do meu casamento em plena pandemia de 2020.

Sou mãe da Tamires e do Elias, sogra do Eder, filha de José Raimundo e Vanda. Tenho 3 irmãos e 5 sobrinhos. Eu me vi, aos 45 anos, diante da realidade de me sustentar pela primeira vez na vida. Atuo com orientação de cura emocional para libertação, e minha história revela que identidade e propósito andam juntos. Cuide-se em Deus e usufrua de um lugar acima dos acontecimentos inesperados.

falecomfabiolafernandes

09 Resgatando a identidade nas gerações

POR FABÍOLA FERNANDES

Vivendo o dissabor de uma separação conjugal, orando e buscando respostas, fui arremetida ao que vivi solteira e percebi que um espírito imundo específico havia minado nossa relação, usando dores emocionais. Apostei todas as expectativas para que só a morte nos separasse, mesmo que sofresse com um relacionamento difícil.

A fase de aceitação por ter sido deixada e por como tudo terminou era frustrante. Dois sonhos eu não alcancei: episcopado e casamento feliz. Casei-me já tendo uma filha de 2 anos, fruto de um abuso sexual cometido por um filho de um pastor presidente do campo local no dia do meu batismo. Eu, com 17 anos; ele, com 32 anos. O casamento parecia minha redenção por conta disso. Com uma infância de abuso sexual de um demônio, dos 7 anos aos 17 anos, acreditava que meu marido fosse um Boaz.

Contudo, pensava em planos de suicídio e homicídio dos 13 anos aos 16 anos. Com meus 19 anos, casamo-nos. Eu estava grávida de 8 meses do meu segundo filho, o primeiro do meu marido. De uma infância com enfermidade, isolamento, lar não cristão, pai militar ausente e irmãos que competiam pelo amor de nossos pais, a falência matrimonial soava uma derrota.

Nos últimos anos, investi como missão nos atendimentos terapêuticos e em ser mãe de filhos jovens e filha da melhor fase dos meus pais. Mudei de igreja, deixei os cargos, fui ser ovelha, aprendi a solitude e me autoconheci na presença do Criador como sustento diário.

Foi uma surpresa usufruir de uma estranha paz. Apreciei os assuntos de libertação ao investigar a linha do tempo com acontecimentos geracionais e encontrei respostas à medida que descobri os conceitos psicoemocionais, físicos e espirituais. O Senhor me revelou um desdobramento libertador que compartilharei.

Compreendendo razões de uma vida perdurada de abusos e ciclos viciosos e não culpando o outro, não damos atenção a fardos históricos e suas implicações. A cultura ocidental conceitua a vida atual, e replicamos o comportamento mental de só pensarmos nossas vidas enquanto vivemos, ignorando a cultura de legado.

Décadas podem passar e legalidades podem transpor gerações ao cobrarem uma conta para a qual necessitaremos de duas estratégias: conhecimento de causa (fatores históricos) e dom de discernimento espiritual. Dores não resolvidas retornam em repetição, como uma personagem bíblica com repetições geracionais na linhagem. Uma vida de devoção ao Senhor, não super-relativizando ocorrências dolorosas, fará toda diferença na hora de manifestar o problema. A partir daí, entra o desenvolvimento da nossa inteligência emocional.

A separação me fez ir mais fundo na minha história, como uma metáfora, como a dramática história de Hadassa, ou, por seu nome medo-persa, Ester. Ela era um exemplo claro de como as feridas emocionais da infância ou dos antepassados podem nos alcançar. Creio nos planos do Senhor nas tribulações, a fim de, de algum modo e em algum tempo, honrar apenas Seu nome. Ele nos encaixará dentro de Seu propósito universal.

Tratando-se de Ester, a cultura geracional, política, religiosa, militar, jurídica e a sua realidade familiar formaram o quadro perfeito para a destruição de um povo, a qual nem o exílio babilônico puderam fazer.

O Deus, que intervém em nossas tragédias, tem Seu poder manifestado no livro histórico, que não faz menção alguma ao Seu nome nas linhas narradas, mas que o deixa subjacente em tudo. Em Ester 2:5-7, a descrição familiar e geracional diz: Mardoqueu, primo de Ester, de descendência benjamita, da tribo de Saul e filho de Quis, descendia da realeza rejeitada por Deus e carregava o estigma em sua linha ancestral tribal, exilado na Babilônia, onde o povo de Jerusalém (Judá) esteve cativo por 70 anos.

Ester foi criada por ele, que a adotou como filha. Órfã de pais pobres, nascida no exílio, ela talvez nunca tenha conhecido Jerusalém pessoalmente. Esse panorama nos mostra a primeira tendência emocional da jovem: melancolia (forte excesso do passado). É curioso que o destino a tenha levado à realeza, talvez para acertar uma conta do passado.

O templo em Jerusalém já havia terminado e Mardoqueu retornado da libertação do cativeiro babilônico. Contemporâneo de Esdras e Neemias, ele foi para a capital do seu libertador persa, talvez para camuflar, entre muitos povos da cultura zoroatrista em pregações, a ideia da existência do bem regendo todas as coisas boas e da existência do mal. Crenças com esse conceito eram bem-vindas.

Mardoqueu havia atuado como oficial nos governos de Dario e Artaxerxes. Seu nome trazia menção ao deus mesopotâmico Marduque, e isso podia levá-lo a alguma aceitação onde estivesse, uma vez que ele livrara a vida do rei, como narrado em Ester 2:21-23 e Ester 6:1-12. Pode ser que, por esse contexto pagão, o livro tenha levado o nome ligado à deusa Ishtar.

Ester e Mardoqueu têm nomes ligados ao paganismo, mas há uma fé genuína que manifesta o Deus vivo em suas histórias, pois sabiam a Quem pertenciam. Em Ester 2:20, ela foi instruída a não revelar seu povo, e fora criada para ser sábia e sensata.

Analisando 1 Samuel 15, notamos o perigoso do antepassado, agora como inimigo de morte, não de Mardoqueu, como sugere a ocasião, mas do próprio povo de Deus: Hamã. Em Ester 3:1-6, vemos que Mardoqueu não se inclinou para Hamã. Creio saber que seu antepassado era amalequita, povo cruel que descendia do primo de Abrão, Ló. Mardoqueu certamente tinha conhecimento sobre o episódio entre o rei Saul, o rei Agague e o profeta Samuel.

Os amalequitas eram mercenários, saqueavam pequenos grupos e apreciavam levar mulheres e crianças cativos. Saul negociou o reinado com a cínica declaração narrada em 1 Samuel 15:15, alegando que foi o povo de Israel que quis o despojo amalequita para dedicar ao Senhor. No versículo 21, ratificou-se afirmando que tomou o melhor para sacrificar a Deus, mesmo orientado a não dar ao Senhor o que Ele não pediu.

No versículo 28, Samuel declarou seu reinado rasgado, e Hamã guardou razões para não atentar apenas contra Mardoqueu (Ester 3:6), pois, como consta em 1 Samuel 15:32-35, o profeta fez o trabalho: aniquilou Agague. Em Ester 2:2-4 e Ester 2:8-18, a jovem Ester participou e ganhou o concurso de beleza real. Veja o estado de estresse que tensionava Mardoqueu e Ester pelas ruas de Susã, a ansiedade que essa jovem vivia na incerteza de seu futuro. Havia claro excesso de pressão do presente em suas realidades e inseguranças, aparentemente sobre o futuro. Ela estava sujeita a crises emocionais e não podia demonstrar suas fragilidades em meio a tantos conflitos.

Em 1 Samuel 15:2-3, Samuel explicou o decreto de Deus a Saul, sobre o que fazer aos amalequitas e o porquê disso. Em Ester 3:9-13, descreve-se o decreto real proposto por Hamã, no qual a semelhança com o decreto dado a Saul é equiparável e assustam os detalhes. Deus ordenou que absolutamente tudo fosse destruído e aniquilado, para que não restasse descendência amalequita e não fosse tomado despojo.

Hamã decretou o mesmo, com o adendo de oferecer ao rei Assuero benefícios no extermínio e despojo a quem servisse na execução desse perverso plano. Este último decreto deu respaldo à ação militar arbitrária contra um povo sem chance de defesa (Ester 3:15). Deus é quem se encarrega de acertar as contas com nosso inimigo, devemos nos defender dentro da legalidade divina. Como Samuel disse a Saul: "Obediência total no que o Senhor ordena." (1 Samuel 15:9-23).

A preservação teológica no livro não escondeu a maestria do autor sobre a compreensão histórica das razões desse duelo com o exercício da fé.

Deus sanou pendências espirituais geracionais (Ester 4:1-9), Mardoqueu se manifestou (Ester 3:7-15), a rainha foi avisada e agiu (Ester 4:7-17). Interessa-nos observar a personalidade conceitual por trás de uma manifestação amalequita: inflamação contra o povo de Deus, saque da prosperidade e da família (mulheres e crianças) em sofrimento. Agague sugeriu violência; Amaleque representou oposição; homens perderam direitos sobre suas famílias.

O mesmo conceito valeu para a 2ª Guerra Mundial. Em Ester 5, 6 e 7, disse-se da ruína do agagita opositor. Em Ester 4:16, narra-se que o jejum era decretado à comunidade judaica, incluindo toda a família em um chamado dramático: "Se tiver que morrer, morrerei" (Ester 4:16c). Hamã morreu em sua própria armadilha (Ester 7), mas deixou a obra de sua maldade. Assuero tomou a casa e o anel sinete de Hamã e os entregou a Ester e Mardoqueu, porém eles eram de poder da monarquia, não sendo despojos (Ester 8:1-2).

A ordem do primeiro decreto era violenta: destruição em massa em um só dia (Ester 3:13,15). O rei persa autorizou a resistência judaica (Ester 8:11). Não podendo revogar aquele decreto, a emenda dizia que os judeus poderiam se reunir e organizar sua defesa. Permitiu-se saquear quem viesse contra os judeus. Ester 8:17 mostrou conversões; Ester 9, o povo judeu se defendendo e não agindo em vingança.

Os filhos de Hamã, sua perspicaz esposa (Ester 5:14; 6:13) e amigos, que vieram contra os judeus, foram mortos. Os judeus, mesmo autorizados pelo rei, não tocaram nos despojos. Como essa personalidade agiu no financeiro, vimos a falta de interesse no material. Isso resolveu o decreto com Samuel e Saul. Em Ester 9, a celebração com a festa do Purim, no versículo 24, ratificou que o agagita era inimigo de todos os judeus. No versículo 28, dias de festas memoráveis de geração a geração. No versículo 22, "a tristeza virou alegria, o luto se transformou em festa".

Aprendi que minhas tristezas e o luto não são para me matar, mas, sim, um chamado para alcançar vidas. Uma batalha atual efetiva (Tiago 4:7): sujeitar-me a Deus deve ser minha defesa em jejum de sujeição, não de guerra. Resistir ao inimigo informa que terei que lutar. Vença os conceitos amalequitas com guerra de valores, e ele fugirá envergonhado. Devo reivindicar só o que é meu, legitimamente, e não que ele me honre por ter me afrontado.

A personalidade age com 2 evidências: compromete as finanças e a vida sexual. Neste último caso, os cônjuges podem estar separados no leito, dentro de casa, ou de corpos; ou, ainda, terem um bom sexo, mas pouca conexão afetiva. Os solteiros vivem frustrados. A ideia é ruir o sacerdócio no homem e deixar as mulheres sem missão, fazer a próxima geração de flecha quebrada ou sem arqueiro, ou de flechas caídas ao chão (Salmos 127:3-4).

É a era da decadência moral e elevação da orfandade, imoralidade e mamón, pois não é sobre o que você faz, mas sobre quem você é. É uma questão de identidade.

"Não é sobre o que você faz, mas sobre quem você é."

FABÍOLA FERNANDES

FLÁVIA INÁCIO

Sou nascida em Valença, Rio de Janeiro, criada em Santa Bárbara do Monte Verde, Zona da Mata Mineira, e resido em Angras dos Reis - RJ. Sempre fui apaixonada pela escrita. Atuo como advogada da rede de escolas Ceim (Centro Educacional Inácio Medeiros), juntamente à sua fundadora e administradora, Margarete Medeiros, a quem não me agrada o "título" de sogra, pois a vejo como uma mãe e confidente, de quem recebo incondicional apoio em todos os aspectos.

Sou serva do Senhor, membra da Assembleia de Deus Fraternal, pastoreada pelo Pr. William de Jesus, casada há 10 anos com Lucas Inácio e mãe de Daniel Lucas (7) e Yohannah (2).

Eu vivi, nestes últimos 15 anos de conversão, experiências extraordinárias com o Senhor, O qual já me havia falado sobre esta obra. Neste momento, vivendo o novo de Deus, estou à disposição do Reino para que se cumpra a boa, perfeita e agradável vontade do Pai. Amo aprender e ministrar sobre a palavra do Senhor, sou grata por ter sido escolhida por Ele para viver algo tão especial.

ministerioflaviainacio

+55 (24) 99999-9452

10 **O segredo** da rolha: há um propósito no processo

POR FLÁVIA INÁCIO

Em João 2:10, é dito: "E disse-lhe: Todo o homem põe primeiro o vinho bom e, quando já têm bebido bem, então o inferior; mas tu guardaste até agora o bom vinho.".

Não quero falar exatamente sobre a transformação da água em vinho, mas sobre como isso aconteceria se não fosse por meio de um milagre. É preciso abrir nossos corações para interpretarmos cada momento do processo, só então seremos capazes de responder quem ou o que somos nós nesse contexto. Reflita: com qual fase você se identifica?

Quero lhe falar especificamente sobre o processo de produção do vinho. O vinho nasce com um sonho: o sonho do semeador; nasce com as sementes sendo plantadas nos vinhedos. Há alguém que planta, que cuida e faz a colheita. Essa pessoa lança as sementes sonhando que elas se tornarão o melhor vinho. Ela conhece cada momento do qual a futura uva passará.

Assim como o Senhor, que sonhou com a nossa história, conhece cada um dos nossos pensamentos e sabe o que vamos nos tornar, o semeador cuida para que a semente dê bons frutos, pois, se não der, será descartada. Ela tem que romper as barreiras e germinar, assim somos nós. E o que estamos germinando? Em qual fase desse processo nós estamos? Imagine que a uva venceu a germinação e agora é um lindo fruto, não mais uma simples semente. É uma maravilhosa uva!

Vamos refletir sobre o processo de pisar nas uvas (considerando o modelo antigo de se fazer vinhos, ainda existente no Brasil). Imagine uma uva viçosa, saborosa, sendo pisoteada, amassada e "humilhada", talvez por pés sujos, para que, ao final, se extraia dela o seu melhor, o que realmente tem valor comercial. Ou seja, antes, ela precisa passar pelo processo de "humilhação".

Quem nunca viveu ou está vivendo o processo da humilhação? Durante cada um dos momentos, o dono da safra está ali, não faz nada para impedir o sofrimento, para que ela cumpra o verdadeiro propósito. Do contrário, será apenas mais uma uva sem valor comercial. Entretanto, aquela que enfrentou o processo, foi devidamente amassada, deu o seu melhor, fará com excelência aquilo para que foi chamada.

Às vezes, não entendemos o porquê de passarmos por tanta humilhação. Porém, só há uma resposta: há um propósito. Um propósito de valorização da nossa trajetória. Apenas espere no Senhor. Ele sabe o momento de honrá-lo(a) e de transformar sua vida. E tenha certeza de uma coisa: Deus está conosco em todos os momentos, do plantio ao envelhecimento. Quanto mais o tempo passa para o vinho, mais qualidade e valor ele tem. Seja na prensa, mais usada atualmente, ou pisoteada, como antigamente, a finalidade é a mesma: que o verdadeiro propósito se cumpra em nossas vidas.

No processo de fermentação, depois da "humilhação", o vinho será exposto às leveduras que sugarão todo o seu açúcar para que ganhe sabor etílico, com o dióxido de carbono (sabor alcoólico). Às vezes, surgem situações em nossas vidas nas quais parece que toda nossa energia está sendo sugada, que levam nossa alegria, nosso "açúcar", mas o que vai resultar desse processo é algo muito maior, algo bom, perfeito e agradável.

Quando vencermos, estaremos mais maduros no Senhor, teremos criado aquela famosa "casca de jacaré" e estaremos mais preparados e mais fortes para o que tivermos que enfrentar. Após a fermentação, o vinho vai para o armazenamento, onde fica por dias, meses ou anos. Tudo vai depender do propósito. Alguns serão vendidos em prateleiras comuns, a preço popular, e outros estarão nas mais finas adegas.

Finalmente, chega a fase de engarrafamento e, talvez, ele fique algum tempo em repouso para se livrar de qualquer alteração no seu sabor. O vinho será guardado na posição horizontal, para que o líquido fique em contato com a rolha, ou nos barris de carvalho, o que lhe trará o sabor amadeirado. Mesmo depois de tudo pelo que ele passou, precisa desse contato. E, na adega, quanto mais tempo ele permanecer, melhor e mais valioso será. É o tempo da espera, o tempo das escolhas.

No fim das contas, o segredo sempre foi a rolha, afinal, o verdadeiro sabor apurado vem por meio do contato. Contato? Palavra familiar? Sem dúvida, a nossa existência é vã se não chegarmos ao ápice do contato com o Senhor. Sempre faltará algo que resultará num vazio que não poderemos preencher de qualquer outra forma. Busquemos esse contato, porém busquemos em cada fase do processo. Não esperemos para encontrá-lo ao atingirmos o sucesso, pois ele de nada valerá se não existir ao longo da caminhada. Clamemos pela presença do Senhor.

Não é possível dizer em qual momento do casamento Jesus chegou àquelas bodas, mas estudiosos acreditam que foi provavelmente nos últimos dias, porque, quando Ele chega, o vinho já estava no fim. Os casamentos e as bodas daquela época duravam 7 dias, e os convidados iam e voltavam, ou alguns iam e outros chegavam, como era o caso Jesus, que estava chegando naquele momento.

Notar que Jesus foi convidado é de suma importância nesse contexto, pois é importante frisar que Ele não estava passando ali por acaso, que não estava no meio de uma multidão e que havia alguém que sabia que era Ele quem realizaria o milagre. Também não estava ali de passagem, como para aquela mulher do fluxo de sangue. Ele fora convidado e, por ser um convidado, quero crer que era alguém com algum significado para os noivos. Porque, afinal, nós não vamos querer, num dia como esse, a presença de alguém desconhecido, com quem não tenhamos alguma intimidade, pois nós, cristãos, lavados e remidos, não sentimos a necessidade de mostrar nada para ninguém. Não fazemos para que os outros vejam, mas fazemos para o Senhor, porque aprendemos em Colossenses 3:23 que: "Tudo o que fizermos, façamos de todo o coração, como para o Senhor, e não para os homens."

Isto é, se Jesus estava ali, havia uma razão de ser, tinha uma amizade, alguma consideração por aqueles noivos. Ele estava naquela festa para se alegrar com aqueles que ali estavam. O fato de o Salvador ter sido convidado nos ensina que Ele só vai entrar na nossa festa ou em nossas vidas se nós permitirmos, se quisermos que faça algo por nós. Só houve milagre porque Ele foi convidado. "E, faltando vinho, a mãe de Jesus lhe disse: Não têm vinho." (João 2:3).

Aqui estamos falando sobre vergonha, desonra e humilhação. Imagine convidar alguém para o seu aniversário e não ter bolo para oferecer aos convidados, ou um jantar, ou não ter comida para todos. Maria estava lembrando Jesus de que Ele havia sido convidado e precisava retribuir, pois era o único que poderia fazer um milagre, o único que tinha poder. "Disse-lhe Jesus: Mulher, que tenho eu contigo? Ainda não é chegada a minha hora." (João 2:4).

Jesus replica dizendo que não cabe à sua mãe decidir o momento, mas a Deus, e Ele era o próprio Deus, então caberia a Ele próprio decidir. Imagino que Jesus estava dizendo: "Eu sei a hora exata de abençoar. Eu estou aqui, estes noivos não estão desamparados. Eu tenho o controle da situação e, na hora exata, Eu vou agir."

Talvez com a expressão "mulher", Jesus quisesse lembrá-la de que ela estava numa condição humana, enquanto Ele estava no espírito. Ela via o momento, mas Ele via o futuro. Enquanto ela pensava nas coisas da Terra, Ele estava pensando nas coisas do céu. Ela olhava para a circunstância de um momento, Ele olhava a história. Talvez Ele não tenha realizado o milagre porque havia chegado a hora de iniciar seu ministério, e sim porque o Pai que está no céu se comoveu com a situação, ou quem sabe, até por "íntima compaixão". "Sua mãe disse aos serventes: Fazei tudo quanto ele vos disser." (João 2:5). E, de fato, fizeram.

Mas por que obedecer a alguém que estava mandando eles encherem todas aquelas talhas? O que certamente seria um trabalho dispendioso, porque eles teriam que encher cerca de 600 litros aproximadamente, afinal: "Estavam ali postas seis talhas de pedra, para as purificações dos judeus, e em cada uma cabia de dois ou três metretas (ou almudes)." (João 2:6).

Em suma, cada talha comportava cerca de 100 litros, portanto, 6 talhas comportavam por volta de 600 litros. Eles fizeram porque sabiam que tinha algo diferente na casa. Quando Jesus chega, algo diferente acontece. Não é possível estar no mesmo ambiente em que Ele e não sentir nada. A presença do Espírito traz paz, conforto e certezas. O que vem de Deus não causa dúvidas ou confusão, não causa contenda e não nos faz perder o sono.

Imagine quantos convidados havia nessa festa; eram numerosos. Seria imensa a vergonha e a humilhação de acabar o vinho. O texto dá a entender que o casal de noivos nem sabia o que se passava, menos ainda do milagre que estaria para acontecer. Mas também há algo interessante nisso: às vezes, o Senhor opera em nossas vidas não apenas para nós. Algumas vezes, passamos por situações tão somente para que outras vidas sejam impactadas por meio da nossa fé e da nossa perseverança.

Nossos milagres podem ser extensivos, podem chegar às vidas de outros, para que sejam atingidos pela glória do Pai, que se mostra em nossas vidas por meio das nossas provações, dos momentos de dificuldade, das angústias e dos momentos em que parece que nada vai dar certo, mas o contato, as orações e a busca constante nos mantêm de pé.

Muitas outras pessoas tiveram suas vidas alcançadas por esse milagre, inclusive nós, ainda hoje, somos impactados por Ele e temos nossas vidas transformadas, simplesmente porque o milagre aconteceu. Então, podemos ouvir falar e aprender sobre Ele. Com certeza, não eram poucos os servos, e eles seriam aqueles que contariam o milagre que presenciaram.

Lembre-se de que Jesus respondeu à sua mãe que aquele não era o momento, mas certamente ela O fez lembrar que fora convidado e deveria fazer algo por aquelas pessoas. Isso quer dizer que talvez não fosse o momento, mas Ele foi "constrangido" a realizar um milagre. Nosso clamor constrange o Senhor, ao ponto de Ele nos olhar diferente, mas, para isso, é necessária uma atitude diferente. Clame diferente e esteja preparado para as mudanças que acontecerão de repente.

Enfrente o processo, porque, por mais que pareça doloroso agora, oportunamente você entenderá o propósito. Não é sobre você merecer o que está passando, é sobre o propósito que Ele tem para lhe fazer mais forte. Você já descobriu qual é o propósito do Senhor para a sua vida? Quem é você dentro deste processo?

"Não é sobre você merecer o que está passando, é sobre o propósito que Ele tem para lhe fazer mais forte."

FLÁVIA INÁCIO

PRA. JAK FERREIRA

Sou Jakceli Ferreira, casada há 17 anos com Almir Ferreira, companheiro e grande incentivador do meu ministério. Também sou mãe de três princesas: Beatriz, Lavinia e Helena, minhas inspirações diárias para avançar e superar desafios.

Em agosto de 2010, tive um encontro com Jesus que mudou toda a minha trajetória. Ele me resgatou de uma vida vazia e sem perspectivas.

Seguindo essa nova jornada, Jesus me surpreendeu e, em 2012, fui consagrada pastora no ministério do Nazareno, em Camanducaia, Minas Gerais. Desde 2014, pela infinita misericórdia do Senhor, O qual concedeu o desejo do meu coração alinhado com o centro da vontade dEle, exerço o ministério de pregadora itinerante. Sou enfermeira, terapeuta comportamental, *coach* em inteligência emocional e bacharel em Teologia. Sou apaixonada pela Bíblia e pelo meu chamado.

prcjakferreira

+55 (35) 99958-7511

jakalabastro@gmail.com

11 Descansar para avançar

POR PRA. JAK FERREIRA

Estamos vivendo tempos desafiadores, não é mesmo? Sempre indo de um lado para o outro, tentando dar conta de tudo, fazemos listas de tarefas, colocamos lembretes, ativamos despertadores e, ainda assim, ao findar do dia, não conseguimos efetuar o que propomos a nós mesmos, pois sempre faltou concluir algo e, dessa forma, acumulamos isso para o dia seguinte, sucessivamente.

Quando notamos, já estamos preocupados, estressados e frustrados, sentindo um cansaço extremo e uma grande exaustão por estarmos sobrecarregados. Chegamos a tal ponto que, um fim de semana ou até mesmo alguns dias de férias já não são mais suficientes para recuperarmos as nossas energias. Por conta disso, perdermos o controle e, principalmente, o nosso equilíbrio emocional.

E, quando isso acontece, usamos a famosa frase: "estou cansado, não aguento mais". O cansaço é altamente pernicioso, pois, quando estamos cansados, perdemos a visão sobre todas as áreas de nossas vidas, abandonamos sonhos, engavetamos projetos e até uma certa incredulidade se infiltra em nossos corações, minando a nossa esperança. Assim, na grande maioria das vezes, chegamos até a duvidar das promessas de Deus, mas sabemos bem que, onde a dúvida entra, a fé é anulada.

A Bíblia nos diz, em Hebreus 11:6, que: "Sem fé, é impossível agradar a Deus." Isso pode nos afastar, e muito, dos propósitos, mas devemos glorificar a Deus porque a sua infinita misericórdia e graça nos alcançam. Na Bíblia, também vamos encontrar inúmeros textos falando sobre o cansaço, mas todos eles vêm acompanhados de promessas, de auxílio e de escape de Deus para nós.

Quero, por meio deste capítulo, fazer com que enxergue o cuidado de Deus com a sua vida e que você possa encontrar um apoio, estratégias e chaves de vitória, para que saia disso tudo descansado, possa avançar e viver um novo tempo, porque sabemos que todos nós, em algum momento de nossas vidas, atravessaremos um período como esse: de cansaço, de exaustão e, até mesmo, de incredulidade. Quero compartilhar com você o que o Senhor ministrou em meu coração, por meio dessa passagem que se encontra em 1 Reis 19:4-8. Observe o texto:

> *Ele, porém, foi ao deserto, caminho de um dia, e foi sentar-se debaixo de um zimbro; e pediu para si a morte, e disse: Já basta, ó Senhor; toma agora a minha vida, pois não sou melhor do que meus pais. E deitou-se, e dormiu debaixo do zimbro; e eis que então um anjo o tocou, e lhe disse: Levanta-te, come. E olhou, e eis que à sua cabeceira estava um pão cozido sobre as brasas, e uma botija de água; e comeu, e bebeu, e tornou a deitar-se. E o anjo do Senhor tornou segunda vez, e o tocou, e disse: Levanta-te e come, porque te será muito longo o caminho. Levantou-se, pois, e comeu e bebeu; e com a força daquela comida, caminhou quarenta dias e quarenta noites até Horebe, o monte de Deus.*

De quem é essa história? Quem estava tão cansado a ponto de pedir a morte? Bem, essa foi uma oração feita por um personagem de grande relevância, Elias. Isso mesmo, Elias, um profeta poderoso e destemido, cheio de unção, aquele que tinha tamanha intimidade com Deus que, quando orou e declarou que, segundo a sua palavra, não choveria, o Senhor o honrou e, por três anos e meio, não choveu (Tiago 5:17).

Na sequência da história, podemos ver que suas proezas e grandes feitos não pararam por aí. Elias chamou para um "combate" os 450 profetas de Baal. Ambos os desafiadores preparam os holocaustos, mas Elias, com grande ousadia, pediu ainda para derramarem água sobre o holocausto, e novamente vimos Deus responder à oração do profeta, enviando o fogo que consumiu tudo, deixando a todos que assistiam pasmos com o poder de Deus.

Após isso, fez os falsos profetas descerem ao ribeiro de Quisom, e ali os abateu a fio da espada. No entanto, logo após essa grande vitória, Elias se encontrou em uma situação difícil: a rainha Jezabel ficou irada com as atitudes dele e enviou uma ameaça contra a sua vida. O profeta, ouvindo a ameaça, ficou com medo e fugiu para o deserto. É nesse ponto da história que vemos ele desabafando e fazendo uma oração totalmente diferente de todas as anteriores: pediu para si a morte. Aqui nos deparamos com um Elias cansado, desanimado e receoso. Onde tinha ido parar toda aquela ousadia e coragem?

Pois bem, é isso que o cansaço nos faz. O cansaço nos afeta de várias maneiras. Veja só: primeiro, na parte física, na qual sentimos os sintomas como dores musculares, desconfortos, perda de concentração e até insônia; segundo, psicologicamente, pois o cansaço nos faz ter alguns comportamentos, como procrastinação, desanimo, irritação excessiva, ansiedade e depressão, não queremos sair de casa, não queremos dialogar, não damos atenção suficiente para quem amamos, ficamos apáticos; e, terceiro, afeta-nos na nossa espiritualidade, então oramos pouco, não meditamos sobre as escrituras e, às vezes, até deixamos de ir ao culto. Porém, o mais triste e extremo é quando nos leva a querer desistir.

Quando você sentir os primeiros sintomas de querer desistir, é hora de puxar o freio de mão, fazer uma autoanálise e buscar em Deus estratégias de vitória sobre esse cansaço. Aparentemente, Elias estava desistindo, depois de tanto batalhar, de enfrentar tudo e a todos, mas não era realmente o que ele queria, era o cansaço falando mais alto. O sentimento mais comum, quando olhamos para as dificuldades pelas quais estamos passando, é querer parar e desistir, no entanto desistir nunca será o certo a se fazer, nem deveria uma ser uma opção. Por mais difícil que esteja, pare, respire fundo, tire um tempo, avalie suas prioridades e veja o que realmente importa, no que realmente vale depositar suas energias. Faça um *planner* e reaja.

Lembre-se sempre de que é exatamente isso que o inimigo de nossas almas deseja, que paremos, que entreguemos os pontos, que fiquemos cabisbaixos e desmotivados. Mas, em nome de Jesus, meu(minha) caro(a) leitor(a), você não vai parar. Vai conseguir romper e avançar, e o nome do Senhor será glorificado sobre a sua vida.

Algo que também quero pontuar é sobre tomar qualquer atitude com todo esse esgotamento, nem mesmo para orar e pedir algo para Deus. Veja comigo como o cansaço nos bloqueia e até nos deixa irracionais.

Elias estava com medo de morrer e fugiu. No meio da fuga, pediu a Deus para morrer. Não fez sentido algum. Há momentos em que parece que a morte, a qual significaria o fim, é a melhor saída para algumas situações pelas quais passamos em nossas vidas. Mas, se Deus está conosco, precisamos, nesses momentos, nos refugiar nEle, pois, quando Elias pediu a morte, o Senhor enviou um anjo que o alimentou e o encorajou. Uau! Que resposta linda de Deus a Elias!

Deus também irá lhe responder, então tente mais um pouco, não desista da sua família, do seu casamento, do seu ministério, dos seus sonhos e dos projetos. Creia que o anjo de Deus está chegando com o fortalecimento de que você tanto necessita. Diante de tudo o que já vivi com Deus, posso lhe dizer: aguente firme, porque vai valer a pena. Ele irá surpreender você, pois servimos a um Deus que não dorme (Salmos 121:3), um Deus que não volta atrás em suas promessas (Números 23:19) e que nos ajuda a todo momento (Salmos 46:1).

Voltando a Elias, sabemos que, após ele dormir, descansar, comer e descansar, novamente o anjo o chamou. Agora fortalecido e encorajado, ele se levantou e correu por mais quarenta dias e quarenta noites. Viu como Elias precisava apenas descansar? Lembre-se: em vez de desistir, descanse.

É claro que um alimento entregue por um anjo jamais seria um pãozinho comum de nossas padarias, mas, o que quero lhe dizer é: todas as vezes em que você se sentir abatido pelo cansaço, seja ele físico, mental ou espiritual, recorra a Deus, pois Ele irá lhe auxiliar, orientar, curar, acalentar e fortalecer.

A palavra do Senhor, em Isaias 40:29, diz a nós que: "Ele dá força ao cansado, e multiplica as forças ao que não tem nenhum vigor." Que promessa maravilhosa! Basta recorrer a Deus, que Ele lhe dará força e ânimo. Não estamos sozinhos em nossas lutas e batalhas, peçamos a ajuda de Deus, que está próximo, pronto para ouvir, falar e abençoar.

E não para por aí: em Mateus 11:28-29, o Senhor Jesus nos faz um convite: "Vinde a mim todos os que estais cansados e oprimidos, e eu vos aliviarei; tomai sobre vós o meu jugo e aprendei de mim, que sou manso e humilde de coração; e encontrareis descanso para as vossas almas."

Está cansado, sofrendo e oprimido? Vá até Ele, pois o descanso de Deus é especial e nos proporciona um senso de tranquilidade na alma que remédio nenhum traz, também nos liberta de apreensões e preocupações e nos traz novamente o equilíbrio. É o tipo de descanso que alivia nosso fardo e suaviza nossa jornada, trazendo paz e renovando as nossas forças.

Guarde isso em seu coração e se lembre de, em vez de desistir, descansar e reagir. Você vai viver os propósitos de Deus. Elias, em um momento de cansaço, pediu para morrer, mas o Senhor ainda tinha para ele a incumbência de ungir dois reis, preparar e ungir um sucessor, algo extraordinário, e Elias não veria a morte, pois os pensamentos do Senhor são mais altos do que os nossos pensamentos. É só um período, vai passar, e o nome do Senhor será glorificado sobre a sua vida. Nesse momento, vou profetizar sobre a sua vida: receba paz, refrigério, ânimo e sabedoria.

E, para finalizar, quero lhe convidar para orar. Ore junto comigo assim: "Senhor, neste momento, quero me prostrar diante de ti e orar, pedindo que o seu Santo Espírito toque em meu coração, trazendo consolo, descanso, paz e fazendo com que ele se acalme. Preciso da sua presença em meu ser, pois, sem Ti, eu não sou nada, mas, com o Senhor, posso todas as coisas. Ajude-me a confiar em ti em todos os momentos e a descansar em suas promessas, mesmo que, no agora, não esteja vendo, sei que grandes coisas estão por vir. *É* no nome de Jesus que oro e já lhe agradeço. Amém! Graças a Deus!"

"Lembre-se: em vez de desistir, descanse."

PRA. JAK FERREIRA

DRA. JANETE SCHULZ

Sou Janete Schulz, psicóloga clínica há mais de 22 anos. Sou empresária, escritora, esposa e mãe de três filhos. Nasci em Carazinho, Rio Grande do Sul, mas me tornei goiana de coração, pois aqui formamos nossa família. Também sou mentora de mulheres por meio da mentoria V.O.A.R., na qual entrego ferramentas e dou suporte para que elas encontrem realização pessoal, familiar e profissional com equilíbrio.

Em 1986, tornei-me bacharel em Teologia pela FTG de Goiânia e fui ordenada pastora em 1999, juntamente a meu esposo, Edemar Schulz, e exercemos o ministério com casais e famílias.

drajaneteschulz

janeteschulz7@gmail.com

Janete Schulz

12 Chamadas para mudar a realidade e cumprir o propósito

POR DRA. JANETE SCHULZ

Somos chamadas para mudar a realidade e trazer o reino de Deus para a Terra. Você é única, filha amada do Aba, e Deus usará a sua história para que o projeto dEle se cumpra. Ele não usa anjos, Deus usa pessoas, sua imagem e semelhança. Vou lhe contar a história de uma mulher, alguém comum igual a você que está lendo este capítulo, talvez com um diferencial: com uma sede muito grande de fazer a diferença. Mesmo não sabendo, naquela época, o que isso seria, havia nela um desejo, uma expectativa de que algo bom aconteceria.

Essa garota sonhadora e com muita determinação queria criar uma história diferente, em que tivesse sucesso na carreira, mas, principalmente, na qual construísse uma família forte e com resiliência.

Aos 16 anos, ela foi forçada a sair do sul do país, devido à mudança de seus pais para o nordeste do país, no estado do Maranhão. Chorou, tentou persuadir seu pai a deixá-la com os avós, mas nada deu resultado.

Naquele momento, ela aprendeu que a negociação seria o caminho para sua mudança. Então, negociou com os pais que ficaria ali até finalizar o Ensino Médio. Faltavam dois anos ainda, mas eles a deixaram ficar e dariam o suporte para ela estudar na capital São Luís. Acordo fechado, acordo cumprido por ambas as partes. Ela ficou ali, não reclamou mais, assumiu suas responsabilidades e, aos 16 anos, já começou a trabalhar fora. Entendeu que, com Deus à frente, muito estudo e trabalho, tinha nas mãos a chave que a levaria a conquistar seus sonhos.

De família católica, ia à missa sozinha todos os domingos, mesmo seus pais e irmãos não indo. Naquela época, ela já sabia que somente Deus muda os tempos e as estações. Estando lá em São Luís, entendeu que ali não era seu lugar. Aquela mentalidade praiana não a levaria a conquistar seus sonhos. Ela queria estar com pessoas com mais aspirações do que viver uma vida boa. Era preciso mais.

Então, pediu aos pais para se mudar para o centro-oeste do país, onde sua grande amiga havia ido morar, pois lá havia mais oportunidades. Os pais, seguindo o acordo que fizeram anteriormente, concordaram e deram todo o suporte emocional e financeiro para a mudança. Ali, trabalhando e estudando, surgiu um convite para ela trabalhar na capital do país. A garota foi, mas sem buscar em Deus se era a boa, perfeita e agradável vontade dEle para sua vida.

Ela não estava comprometida com o Reino a essa altura. A busca era pelo sucesso profissional. Entrou na faculdade de História à noite e trabalhava de dia numa instituição renomada no país. Por lá, aprendeu muito sobre pessoas e liderança, mas, a cada dia, ficava mais frustrada, olhando para grama do vizinho e vendo que ainda não alcançara o tão sonhado lugar de destaque.

Iniciava uma reclamação e a mentalidade de escassez, porque olhava a vida como o copo vazio, ou seja, como o que ainda não tinha, o que ainda não adquirira. O mundo já nos coloca muita comparação atualmente, ainda mais em tempos de Instagram e TikTok, quando todos querem mostrar uma vida de felicidade a qualquer custo. Muitas caem nessa armadilha, e a insatisfação começa a gerar ingratidão.

Mas vamos continuar a história dessa mulher, pois algo aconteceu no decorrer da jornada que a levou de volta a Goiânia. Deus tinha um plano para sua vida, aquela era a geografia que o Senhor escolhera para ela. Assim, o chefe dela decidiu voltar para concorrer a um cargo político e seu cargo de confiança não seria mais necessário para o futuro presidente da instituição. Então, ela decidiu voltar a Goiânia, pois um amigo tinha indicado um excelente trabalho em um cargo de chefia e com ótimo salário.

Lembra-se da grande amiga dela que morava em Goiânia? Sim, antes da mudança, ela a convidou para visitá-la e a apresentou ao seu chefe no banco onde trabalhava. Espera aí! Aqui começou a virada! Fica comigo aqui nesta leitura. Deus começou a revelar Seus planos e não os dela para sua vida.

Naquele fim de semana, ela ficou sabendo que esse chefe e amigo já tinham visto uma foto de ambas juntas e já tinham dito: “Diga a sua amiga que irei namorar com ela.” Olhem o poder da palavra declarada. Por isso, a Bíblia nos diz: “A morte e a vida estão no poder da língua.” (Provérbios 18:21).

Aqui paro para lhe perguntar: o que você tem proferido com sua língua? Quais palavras você tem declarado sobre sua vida e sua família? Vejo muitas mulheres querendo a vitória em suas batalhas, mas suas falas não condizem. Eu as vejo com ingratidão, murmuração e pensamentos de derrota. A palavra também diz que temos a mente de Cristo (1 Coríntios 2:16), e quem tem a mente de Cristo tem pensamentos de paz, e não de mal; tem pensamentos de fé, *mindset* de abundância, e não de escassez.

Mas vamos continuar a nossa história. Em outro momento, em 31 de março de 1990, sua amiga ligou para parabenizá-la por seu aniversário, e o seu chefe disse para mandar mais um recado: "Hoje é meu aniversário também. Nascemos no mesmo dia. Diga novamente que irei namorar com ela."

Porém, a amiga não lhe disse nada. Quando ela foi visitá-la e os dois foram apresentados, ele disse logo que se conheceram: "Quando nos casarmos, moraremos em uma linda casa e tomaremos chimarrão juntos em uma linda área." A mulher de nossa história riu e achou aquilo engraçado, não dando ouvidos e não entendendo o poder das palavras e o poder da ação de Deus em cumprir Seu propósito.

Quero falar sobre propósito. Como psicóloga há mais de 22 anos, ouço tantas pessoas com dificuldade de achar o seu "por que", como: por que nasceram? Qual o chamado que Deus tem para suas vidas? Mas a resposta precisa começar com uma pergunta: com quais dons e talentos Deus me criou? O que faço de melhor? O que faço com paixão? O que faria até de graça e ainda feliz?

Deus usa tudo o que Ele lhe deu em prol do Seu propósito. Não precisa mais curso, mais dinheiro e mais universidade. Só precisa alinhar seu coração com aquilo que Ele já lhe deu e partir para ação. Não tem segredo. Não tem fórmula mágica. Nosso chamado é para trazer o reino de Deus para a Terra. Esse é nosso grande propósito. Porém, cada um deve usar seus dons e talentos para isso.

Desvendada a crise do propósito, vamos continuar nossa história, pois, no final, tudo fará sentido.

No entanto, antes que tudo se cumprisse para ela, alguns ajustes foram necessários. A garota e o chefe da amiga tinham igrejas diferentes, apesar de ambos serem cristãos: ela, católica; ele, evangélico. Havia uma diferença que precisava ser resolvida. Ambos entram no mesmo espírito, num alinhamento com o céu. Casaram-se e passam a servir o Senhor com mais dedicação, apesar de suas carreiras seculares.

Nasceu o primeiro filho do casal e junto disso veio um desafio gigantesco: o bebê havia nascido com uma doença congênita chamada pé torto congênito. Aos 8 meses, o menino foi operado. Dores terríveis, ele passava com três pinos dentro pé. Gesso desde o primeiro mês de idade até a cirurgia. Após a cirurgia, botas ortopédicas até os 3 anos de idade. Tormenta? Sim! Mas Jesus estava no barco. O que a segurava era a palavra: "O choro pode durar uma noite, mas a alegria vem ao amanhecer." (Salmos 30:5).

Mais uma vez, friso o poder da palavra de Deus e o poder da palavra que lançamos sobre nossas vidas e daqueles que nos rodeiam. Tudo deu certo com aquele garoto. Hoje, aos 24 anos, ele faz estágio na Alemanha, em Engenharia Aeroespacial, não tem sequelas e nunca mais precisou de cirurgia. Mais uma vez, aquela mulher refez seus planos.

A essa altura, já se formando em Psicologia e se preparando para a prova do mestrado, além de ordenada pastora e servindo, ela e seu esposo, num culto dedicado às famílias, chegou-lhes uma notícia que fez com que tudo mudasse em suas vidas.

Ela se preparou e engravidou novamente para ter o(a) segundo(a) filho(a); esse era o projeto do casal. Ele, empresário; ela, psicóloga que seria professora na universidade PUC, em Goiás. Ambos servindo ao reino de Deus como pastores. Mas Deus tinha algo a mais para essa família, e a gravidez foi gemelar: eram duas, e não uma menina, como eles sonhavam. A dupla honra estava a caminho, contudo era preciso realinhar todo o sonho, e todos os projetos teriam que mudar.

Mudanças e realinhamento de propósitos são difíceis, mesmo que seja para receber uma bênção. Houve choro, medo e insegurança naqueles dias. Tudo estava alinhado e organizado entre eles, já iniciando a construção de uma nova casa em um condomínio. Mas o local ficava distante, então não seria mais possível iniciar esse sonho. Também era preciso decidir sobre o mestrado. Era muita coisa acontecendo ao mesmo tempo.

Mas a mulher foi aos pés do Senhor Jesus e chorou. Ouviu qual era o propósito de Deus em tudo isso e, ali, tomou a decisão de dizer não ao mestrado e a dar aulas, pois ouviu de Deus que o maior chamado dela, como mulher, era edificar uma família nos caminhos e princípio do Senhor.

Quero lembrar você, querida leitora, de um verso que me chama muito a atenção: "Puseram-me por guarda das vinhas; a minha vinha, porém, não guardei." (Cantares de Salomão 1:6b).

Essa história que contei acima é a da minha vinha. Naquele momento de tantas mudanças, entendi o propósito de Deus. Era preciso, primeiramente, cuidar da vinha que Ele havia dado em minhas mãos, ou seja, a família, para, depois, ajudar outras mulheres.

Hoje, com o meu casamento indo para 30 anos, os três filhos adultos seguindo seus sonhos e com Deus em suas vidas, vejo que todas as dores, decepções e perdas foram permissões dEle para me preparar para o que ensino agora nas mentorias. Havia um propósito em tudo, Deus fez com que tudo cooperasse para eu ser moldada, forjada e transformada.

Porém, tenho visto muitas, atualmente, gastando seu tempo preocupadas, cuidando de outras vinhas e se esquecendo da sua própria O equilíbrio entre os comportamentos de Maria e de Marta traz resultados no dia a dia, formando famílias fortes que irão impactar e trazer o reino de Deus para a Terra. Esse é o propósito, esse é o chamado para nós. E, nessa jornada, Deus usa os dons e talentos de cada uma, na Sua multiforme sabedoria, para impactar e transformar a realidade.

Ele nos deu esse poder: "Mas recebereis poder, ao descer sobre vós o Espírito Santo, e ser-me-eis testemunhas, tanto em Jerusalém, como em toda a Judéia e Samaria, e até os confins da terra." (Atos dos Apóstolos 1:8). Creia e use esse poder para transformar a sua realidade e a de todos a sua volta. Sim, você pode!

"Sim, você pode!"

DRA. JANETE SCHULZ

KLAYD SANTANA

Sou Klayd Eduarda Santana, mãe de um lindo menino, Nycholas Borges. Empresária no ramo do turismo, vice-presidente do Comev (Conselho de Mulheres Evangélicas), Plano Piloto, Brasília, Distrito Federal.

Liderança no curso "Libertando Cativos e Curando no Ministério Pessoal", no qual priorizo o atendimento e o aconselhamento de mulheres com foco em seu emocional, as auxilio a detectarem suas feridas ocultas e expostas, assim como também a fazerem a leitura correta dos acontecimentos ao redor, e disponibilizo ferramentas pautadas na palavra para fecharem portas antigas e abrirem passagens ao novo, para viverem uma vida espiritual saudável. Trago comigo testemunhos de mulheres ainda não publicados (pessoais e conjugais), tendo como base e fundamento a oração e a intercessão.

klayd.santana

+55 (61) 98156-9862

eklayd70@gmail.com

13 **Viva o** propósito e não a proposta

POR KLAYD SANTANA

Deus é a fonte de vida, Ele é a renovação e a restauração. Há um decreto liberado por Deus de restauração para este tempo e para as próximas gerações. A restauração atua diretamente nas articulações físicas e espirituais, com a finalidade de manter você em pé, eliminando curvaturas ósseas, liberando o incomum e lhe dando estratégias e habilidades, pois há um lugar em Deus para você chegar.

A restauração permite que você retorne ao seu lugar original. Sou movida para orar com você, levá-la a crer que a palavra de Deus carrega vida, tem poder de alterar rotas e lhe dar novos destinos. Rejeitamos, neste momento, todo o medo da travessia e toda a manipulação do mundo espiritual vinculada ao medo, que faz com que você, nesta hora, enxergue o que não existe.

É certo que, ao transicionarmos para o novo, o medo tente nos impedir, mas que, aplicando o sangue do cordeiro, este terá autoridade visível, tanto no mundo físico quanto no espiritual.

Você não é uma escrava do medo, você é propriedade exclusiva de Deus. Você não é uma filha temporária, você é uma filha eterna em Deus, pois Ele a chama para que se mova no eterno, e não no temporário. Deus chama o seu nome e diz: "Saia do lugar em que você se encontra, caminhe por sobre o medo, sobreponha a influência à qual você se submeteu até os dias de hoje."

Saia das prisões que têm predominado, determinando o que não foi gerado para sua vida. Seja, em nome de Jesus Cristo, paralisado o antipropósito do Senhor: toda ferida no corpo, toda ferida na alma, todo abatimento que a faz andar encurvada ou em luto todos os dias, em aflições, em gemidos que ninguém ouve, todo o desassossego que bate na porta do seu coração e toda ansiedade, pois um coração em ritmo acelerado é assustado e consome suas forças.

Seus olhos já estão sem brilho, não se vê mais neles a esperança. O acúmulo dos dias de indiferença e abandono dos pais, de garganta amarga, de dores que ressoam a orfandade e o abandono dos parentes e amigos, fizeram surgir uma criança assustada e uma adulta insegura e envolvida na dor da rejeição. O Espírito do Senhor sempre esteve contigo, e esse mesmo Espírito está lhe assistindo neste momento.

Todos os sintomas que não vieram do Senhor, do seu Pai, denunciamos agora ao mundo espiritual e aplicamos o sangue de Cristo Jesus. Você está no ***kairós***, momento oportuno e único para se lançar, confiar, confessar, deixar; no altar do Senhor, com toda a bagagem de destruição. Permita-se sentir o Espírito de Deus soprar sobre sua vida, fortalecendo-a, encorajando-a e assegurando-a. Você está em um lugar de segurança máxima, inacessível aos inimigos de Deus, sendo cuidada, assistida por seu Abba. Selamos esta oração em nome do Pai, do Filho e do Espírito Santo!

Fez-se necessária, em primeiro lugar, essa oração, para que o seu espírito se alinhasse ao Espírito e à vontade contida em Deus. Convido-a a viver o propósito e não a proposta.

Em 2 Samuel 21, conta-se a história de uma mulher um tanto formosa, que encantou o rei Saul e se tornou sua concubina. As concubinas eram mulheres de outros reinados que os reis traziam para fortalecer o seu reinado. A lei do concubinato regia que a esposa, as concubinas e os filhos tinham os mesmos direitos. Após a morte de Saul, essa mulher se destacou no reinado de Davi por sua coragem e determinação.

Rispa gerou dois filhos do rei Saul. Ela e os filhos viviam em segurança, em uma situação intocável, até que recaiu sobre Israel uma seca muito forte e, por três anos, não choveu. Sem colheita e com animais morrendo de sede e fome, a vida estava se esvaindo, o caos instalado e o povo em total desespero. Era a morte nas portas da amada e querida Israel. Davi acessou ao coração de Deus e entendeu que a seca não era algo natural, mas espiritual.

Entrou em cena a bondade e a misericórdia do Eterno, revelando a Davi a causa dos danos vivenciados por um povo que ele mesmo havia escolhido e separado, denominado como a "menina" dos seus olhos. A Bíblia relata que Saul quebrou a aliança feita para os gibeonitas, há mais ou menos 400 anos, por Josué. A base dessa aliança regia que Israel não os mataria, mas, sim, os preservaria ao ponto de dar a vida por eles, se necessário fosse.

Saul matou muitos gibeonitas por zelo, para manter Israel pura. Ele queria tirar os estrangeiros dali. O motivo era nobre, mas com formato errado. O juízo de Deus veio nos dias do reinado de Davi: para que o povo voltasse a ser abençoado, os gibeonitas pediram sete descendentes do rei Saul para serem enforcados, pois assim seria pago o erro que haviam cometido. Dentre eles, estavam os dois filhos de Rispa. Davi selou o acordo e entregou os filhos dela para serem enforcados.

Como um homem de guerra que era, certamente ele foi para a batalha após entregá-los. O enforcamento foi executado num monte, onde os corpos foram abandonados e expostos às feras que habitavam naquele lugar. Mas Rispa foi mais que um nome, foi uma postura sobre a terra. Ela não ficou na plateia assistindo. A Bíblia narra que foi para o meio do furacão, deixou sua casa, reduziu as 8 horas de sono sobre os macios e confortáveis lençóis e submeteu-se às privações individuais e coletivas.

Haverá, sim, momentos decisivos em que o Senhor irá requerer que você saia dos palácios e venha para o meio do conflito, pois é no meio que Ele lhe dá a vitória e estabelece uma nova estação. O Senhor a convoca para não fixar seus olhos na dor, mas no propósito. Quando você entende o propósito, aceita o processo.

Rispa, movida pelo propósito e não pela dor, instalou-se no monte onde estavam os corpos de seus filhos e ali permaneceu por seis meses abanando cadáveres. De dia, para que as aves não se aproximassem, e, à noite, com uma tocha, para que os animais selvagens e chacais não acessassem os corpos.

Assim como foi a história de Rispa, será contigo. As feras do campo não irão tocar e nem comer seus filhos. Na narrativa, muitos amigos e conhecidos não entenderam o propósito e, com certeza, foram até o pé do monte: alguns, com cartazes; outros, gesticulando; outros ainda, gritando; mas todos com o único intuito de que ela desistisse e voltasse para casa, pois já havia sido estabelecida uma sentença. O único decreto visível a todos era: "O rei não vai favorecâ-la. Abandone o local e aceite!". Os corpos já exalavam mau cheiro.

A batalha não se vence pelo que você está vendo na terra, mas pelo que já foi gerado nos céus. A estrutura de Rispa foi forjada e estabelecida em meio à dor. Seus filhos precisavam ser enterrados com dignidade, sendo eles da linhagem real. Com certeza, ela encheu o seu pulmão de ar e respondeu aos especuladores: "Eu moro aqui até que o rei julgue a minha causa." Aquela mulher presenciou os corpos entrarem em decomposição. E, neste momento, os céus perguntam a você: "O que está em decomposição na sua casa? Sua relação conjugal? Filhos cativos nas drogas, nas bebidas ou na prostituição? O que está cheirando mal ou em decomposição na sua vida?".

É preciso manter a visão no propósito, pois é certo que a sua causa será julgada e o rei a favorecerá. A Bíblia diz que o rei ouviu a história de Rispa. Como ouviu não importa, se sentado ou em pé, retornando da batalha ou já dentro do palácio, o que importa é que ele tomou uma atitude em favor daquela mãe. Há favores do Rei para sua vida, enquanto você está lendo esta história.

A sua dor, o seu choro, o seu clamor e a sua postura mudam sentenças e a favorecem. A sua vida é a resposta de quem não vive propósito, a sua postura liberta um povo, a sua postura faz rios secos voltarem a correr e a transbordar em cidades e reinos. Uma postura e uma vida de propósito fazem Deus se tornar favorável à sua terra, assim como voltou a chover em Israel quando Davi reparou o erro, não só com Rispa e seus filhos, mas com o próprio rei Saul e Jonatas, e reconheceu que não os havia honrado após a morte. Davi mandou trazer os ossos de Saul e de Jonatas, rei e príncipe, que estavam em Jabes-Gileade, e os enterrou na sepultura do pai de Saul, juntamente aos netos e filhos de Rispa e, assim, eles tiveram um enterro digno de príncipes.

A sua postura pode mudar tempos e estações. Não é hora de descansar ou sair de cena, mas de lutar. Assim como Rispa, você, a cada amanhecer, experimentará restauração. Suas forças serão renovadas, seu vigor reestabelecido, sua coragem e ousadia preservadas a cada romper e a cada manhã. Não é o seu fim, persista. O Senhor continua escrevendo a sua história, então receba habilidades para guerrear com ambas as mãos.

Rispa construiu uma história que encoraja você, neste momento, a não parar e a não desistir porque foi envergonhada, enganada; ou porque foram desleais consigo e até tocaram no seu corpo indevidamente; ou, ainda, a violentaram de forma verbal e física; ou porque a humilharam, tentaram matá-la na gestação, no ventre; ou tentaram parar o ministério que o Senhor lhe confiou sobre a terra. Rispa ensinou que o propósito vai além das suas lutas, vai além das suas rupturas e vai além das suas dores.

O segredo é fazer a leitura correta dos acontecimentos, não ser imediatista, entender o tempo que está vivenciando, ser paciente e longânimo. Após o processo, se apresentará um tempo incrível. Observe tudo a partir do que está acontecendo nos céus, e não na terra. As ferramentas que você tem nas mãos são suficientes para um novo romper. Concorde com Deus e use o que os céus disponibilizou para você na terra.

Desfrute da presença do Pai, acessando o seu propósito, superando a sua dor e as suas feridas em Cristo Jesus, entendendo que, quem dirige a sua vida é Ele e não os seus sentimentos. Deus tirou Rispa da fragilidade espiritual e mental, consequentemente, Ele também interferiu no seu sistema imunológico e descontruiu padrões internos para que o propósito fosse cumprido.

A sua jornada terá dardos inflamados, gigantes, ursos e leões. No final da trajetória, você será pressionada com altos níveis de aflições, mas não o suficiente para ser destruída ou esmagada. Há um exército de anjos lutando a seu favor, então movimente-se em fé, pois você está em uma construção segura. Deus está reeditando a sua história e transformando o seu espírito. Você viverá o propósito e não a proposta.

"A batalha não se vence pelo que você está vendo na terra, mas pelo que já foi gerado nos céus. A sua postura muda tempos e estações."

KLAYD SANTANA

LILIA CLEIDE

Sou amada, cuidada e escolhida pelo amor de Deus. Tenho 39 anos, moro na Alemanha. Nasci em Mombaça, no Ceará. Eu dou graças ao meu Senhor por, mais uma vez, envolver-me nos seus projetos e me conceder a oportunidade de ser a idealizadora deste livro. Agradeço ao meu amado esposo, Claudio Sellari , por todo o apoio, e à nossa herança: Gianni, Christian e Johannes.

Estou cursando bacharelado em Teologia. Participei como coautora dos livros *Mulheres Restaurando Mulheres* e *Mulheres Zoe 2*. Sou fundadora do projeto “Recebendo Vida Através da Palavra” e idealizadora deste livro. Quero agradecer ao apoio dos meus pastores: Pr. Diogo Cardoso e Pra. Regiane Miranda. Também agradeço à minha assessora e amiga, Jack Viana, e a todas as coautoras deste livro.

lilia_cleideoficial

liliacleide84@libero.it

14 A VISÃO DO VALE DE OSSOS SECOS

POR LILIA CLEIDE

Segundo Ezequiel 37:1-10:

> *Veio sobre mim a mão do Senhor, e o Senhor me levou em Espírito e me pôs no meio de um vale que estava cheio de ossos; e me fez andar ao redor deles, e eis que eram muito numerosos sobre a face do vale e estavam sequíssimos.*

Ezequiel nos deixou uma grande lição: o fato de ele estar rodeando um vale de ossos sequíssimos, vendo um exército inteiro morto, lugar de angústia e tristeza, e mesmo assim, continuar ouvindo a voz do Senhor. O cenário não o tirou do foco, pois ele sabia que existia um propósito e que estava exatamente onde Deus queria que estivesse.

Deus estava mostrando que ele tinha um problema para ser resolvido, e o seu posicionamento faria toda a diferença. Caro(a) leitor(a), entenda que há um propósito nos nossos vales, existem situações nas nossas vidas que o Senhor permite para nos mostrar que há um problema que requer um posicionamento.

Quando Ezequiel ouviu a pergunta do Senhor: "Podem estes ossos reviverem?", Ezequiel não ficou olhando quanto aqueles ossos estavam secos, não ficou olhando para as condições nas quais se encontravam aqueles ossos, ele entendeu que Deus era poderoso e podia trazer vida àquele cenário de morte: "Senhor, tu o sabes!". Ele ouviu, obedeceu ao Senhor e viveu uma experiência sobrenatural.

Você crê que Deus é poderoso para transformar cenários desfavoráveis? Lembre-se, caríssimo(a) leitor(a), de que são os cenários desfavoráveis os lugares adequados para vivermos o extraordinário de Deus. Cenário desfavorável é o local apropriado para vivermos milagres. Ainda que nada estivesse favorável para um milagre, Ezequiel sabia que, para Deus, não havia nada impossível.

O poder da palavra do Senhor: naquele campo de batalha, havia um exército morto, um exército que, com valentia, tinha ido à batalha, perdido a vida e ficado exposto em um cemitério a céu aberto como desonra, um sepultamento indigno. Em nossas vidas, não é diferente. Quantas vezes nos sentimos assim também, com tanta humilhação? Quantas vezes sentimos que perdemos a batalha, que todo o nosso esforço foi em vão?

Mas lembre-se de que, rodeando aquele vale, havia um profeta obedecendo à voz do Dono da vida. Ainda que tudo fosse sequíssimo e a morte tivesse tragado aquelas vidas, existia um Deus no céu que era maior do que a morte, que era maior do que o vale, maior do que a sequidão e que tinha o poder para trazer a vida. Naquela terra, existia um profeta obediente e temente que, apesar do cenário à sua frente, creu na palavra que saiu da boca do Senhor. Quando ele começou a profetizar e a falar para os ossos: "Ossos, ouvi a palavra do Senhor.", imediatamente, os ossos ouviram e obedeceram. Então, ouviu-se um ruído enquanto ele profetizava e eis que se fez um reboliço, os ossos se juntaram, cada osso a outro.

Que visão extraordinária teve Ezequiel! Ele olhava e via nervos nascendo sobre aqueles corpos sem vida. Viu crescer a carne, viu quando se estendeu a pele sobre eles. Imagine cada membro voltando para a sua forma de origem e formando um grande exército de corpos. Mas ainda eram corpos e nada mais.

Então entenda que há sustentabilidade na palavra que sai da boca do Senhor, que Ele se responsabiliza por aquilo que fala: "Eis que farei entrar em vós o espírito, e vivereis."

Caríssimo(a) leitor(a), veja bem a palavra "farei". O Senhor fará na sua vida assim como Ele fez no passado, faz no presente e continuará fazendo no futuro. Não sei como você se encontra neste momento, não sei se você se sente como aqueles ossos, sem vida e sem esperança, não sei se você está vivendo uma fase de sequidão, seja qual for a área da sua vida na qual está enfrentando problemas, mas o Senhor o(a) encoraja a prosseguir.

Se Ele lhe deu a visão, suporte, pois há um propósito. Não sei em que tipo de vale Deus o(a) levou para passear, só sei que a mão que levou

Ezequiel, em uma visão, para passear no meio daquele vale, é a mesma mão que o sustentou e que vai sustentar você para suportar a visão. Deus está falando: "Eu me responsabilizo em te fazer caminhar e te dou forças para você profetizar."

Ei! É sobre a palavra do Senhor. É nela que você tem que crer, para contemplar as fases do seu milagre. Ele tem o poder para fazer o que você não pode fazer. Ele tem o poder para agir onde você não pode agir. Ele tem poder para levantá-lo(a) quando você não tiver forças para prosseguir. Ouça os ruídos e comtemple a transformação. Deixe Deus fazer em você e por meio de você. Entenda que cada osso se encaixou enquanto Ezequiel profetizava, então o milagre vai acontecer enquanto você profetiza. Não espere ouvir os ruídos para crer que Ele fará.

Enquanto você se movimenta para o encontro do seu milagre, há uma ordem liberada a seu respeito. Quando você reage aqui, há uma reação na atmosfera celestial ao seu favor. Você se movimenta aqui, e Deus se movimenta lá. Aleluia! É isso que o Senhor quer de nós. No processo da obediência que estamos vendo acontecer, se aqueles ossos obedeceram à voz de Deus, por que temos tanta dificuldade de obedecer a Ele?

Você já parou para pensar: ossos, nervos, carnes e pele voltaram para o seu lugar de origem, pelo poder da palavra do Senhor. Nós não podemos parar de crer no que Deus faz. Só porque não vemos e não ouvimos o barulho do milagre, não creremos que vai acontecer? Nós vivemos de fé, e fé é isso, crer mesmo não vendo nada acontecer: "Ora, a fé é o firme fundamento das coisas que se esperam, é a prova das coisas que não se veem." (Hebreus 11:1).

Quando paramos de crer e de obedecer ao Senhor, tornamo-nos, como aquele exército, só ossos sequíssimos, porque, onde falta a presença de Deus, falta vida; onde falta fé, falta esperança e o coração fica endurecido e desacreditado; onde falta obediência, falta milagre e falta direcionamento.

Amplie a sua visão, não se deixe influenciar pelo cenário, pois, hoje, o Senhor o(a) convida a olhar novamente para esse vale, por isso olhe com os olhos da fé. Você não verá só um vale, uma situação difícil, um cenário de morte e tristeza, verá o cenário perfeito para o seu milagre. Então viva hoje e profetize. Profetize que, por mais difícil que tudo esteja, você só ficará ali se não se movimentar.

Estar nesse cenário não significa que você tem que permanecer nele. O Senhor não deixou Ezequiel no vale, Ele o levou para passear ao redor do vale, porque, de lá, ele tinha uma visão mais ampla do cenário. Portanto, amplie a sua visão e veja. Ezequiel não deixou o cenário influenciá-lo, foi ele quem o influenciou obedecendo ao Senhor.

Caro(a) leitor(a), este é o lugar perfeito para você ouvir a voz de Deus e viver coisas grandes. O nosso Deus é fiel com a Sua palavra e zela para cumpri-la. Entenda que, quanto mais grave o cenário parecer, maior será a chance de o milagre acontecer. Lembra-se de Lázaro? Veja este cenário: "Mas Jesus falou: Essa enfermidade não é para a morte, mas para a glória de Deus, para que o Filho de Deus seja glorificado por ela." (João 11:4).

Lázaro morreu, mas, sobre ele, pousava uma palavra do Senhor. Pronto! Ali estava uma palavra liberada sobre a vida de Lázaro. Depois de 4 dias da morte dele, 4 dias de choro, luto e desespero das suas irmãs, Jesus chegou, e a morte teve que sair e devolver a vida de Lázaro, porque, aonde Jesus chega, tem vida, a tristeza vai embora e o choro se transforma em risos. A palavra do Senhor nos diz: "O choro pode durar uma noite, mas a alegria vem pela manhã." (Salmos 30:5).

Não sei quanto tempo dura o seu choro, mas há uma promessa: o choro vai passar. Então, caro(a) leitor(a), fique com a palavra do Senhor, não se agarre a coisas vans, agarre-se à promessa que o Grande Eu Sou lhe fez. Cenário nenhum é maior que Jesus, nada limita o poder de Deus. Vale de ossos secos, luto, separação, filhos, que saíram de casa, marido ou esposa que abandonaram a família, nada disso é maior do que o poder de Deus.

Corpo sem espírito é só corpo: vamos ver que tinha corpos, mas ainda não tinha vida, faltava o espírito, eram apenas corpos reunificados, porém sem fôlego. Às vezes, é assim mesmo que nos sentirmos, um corpo sem vida, porque negligenciamos a oração, o jejum, a leitura da palavra e a comunhão com o Espírito Santo. E não é isso que Deus quer de nós, pois somos o seu exército. Ele não conta com um exército morto espiritualmente, derrotado por causa das lutas, envergonhado, que deixou de crer nas promessas, retrocedeu, permitiu que o inimigo zombar dele, afrontando-o como se não tivesse um Pai, porque todos nós temos um Pai, que está no controle da nossa vida, e tudo continua sob a Sua autoridade e a Sua palavra. No versículo 9, o Senhor fala e profetiza ao espírito: "Assim diz o Senhor Jeová: Vem dos quatro vento, o Espírito, e assopra sobre estes mortos, para que vivam." E o Espírito veio colocando de pé um exército. O Deus que você serve é o mesmo Deus do Vale de Ossos Secos, Ele ainda opera milagres e maravilhas, não há limites para o Senhor.

Não tente colocar Deus em uma caixinha, você não vai conseguir. Seja você o Ezequiel da sua casa, da vida dos seus filhos, do seu casamento, do seu ministério, de qualquer área da sua vida, porque Deus quer fazer. Lembre-se disso:

> *Porque Eu bem sei os pensamentos que tenho de vós, diz o Senhor, pensamentos de paz e não de mal, para vos dar o fim que esperais; então me invocarei, e ireis, e orareis a mim, e eu vos ouvirei; e buscar-me-eis, e me achareis quando me buscardes de todo o vosso coração.* (Jeremias 29:11-13).

O sopro que Deus liberou na minha e na sua vida através de Jesus, quando Ele respirou o último respiro na cruz do calvário. Não tire os olhos da cruz, foi por meio dela que Jesus nos deu vida. O Senhor levantou um exército grande em extremo daqueles ossos sequíssimos; Deus vai levantar você, e todos saberão Quem é o Senhor da sua história.

Caro(a) leitor(a), finalizo este capítulo com um versículo: "Deus não é homem, para que minta, nem filho do homem, para que se arrependa, porventura, diria Ele e não o faria? Ou falaria e não o confirmaria?" (Números 23:19)

Deus o(a) abençoe!

"Se Deus lhe dá uma visão, Ele lhe dá o suporte para aguentá-la. Suporte a visão!"

LILIA CLEIDE

LORHANA LISBOA

Eu me chamo Lorhana Lisboa, sou natural de Fortaleza, Ceará, resido em Triunfo, Paraíba, com a minha amada família: meu esposo, Adelmo Dyones, com quem sou casada há 10 anos, e meus dois filhos, Levi e Ravi. Sou graduada em licenciatura e bacharelado em Educação Física. Sirvo a Deus no ministério Assembleia de Deus Madureira e uso minhas redes sociais como uma obra missionária para levar pessoas ao encontro com Deus.

Mas a minha história não foi sempre assim. Tive "um particular" com o Senhor. Para quem não me conhece, também sou formada na escola do deserto, graduada no vale da sombra da morte, pós-graduada em resiliência e restauração, mestre em processos e doutora em vencer gigantes. Superei circunstâncias desafiadoras, provando que, por meio da palavra, graça e misericórdia de Deus, é possível transformar a vida. Prazer! Meu nome também é Resistência.

lorhana.lisboa

lorhanalisboa@gmail.com

15 Ainda não acabou, há uma nova estação

POR LORHANA LISBOA

A palavra de Deus sempre costuma nos comparar a uma árvore. Ela nos mostra um bom exemplo de estabilidade e constância, é plantada em um lugar e ali permanece. Seu crescimento é imperceptível para quem a acompanha dia após dia e até parece que não está evoluindo, mas está, ela está crescendo lentamente. Porém, haverá momentos que ameaçarão a existência dessa planta, por isso será necessário que ela esteja plantada firmemente em solo profundo. Então, virá o sol causticante, a chuva forte, os ventos e, ainda assim, ela permanecerá firmada no solo firme, na rocha, não importando as estações.

Não sei se você já teve a experiência de pegar uma plantinha muito seca, praticamente morta, e começar a regar e cuidar dela. Com o passar do tempo, você vai percebendo que ela começa a ganhar vida e dar folhas e frutos novamente. Ou ainda, você já observou, durante as estações do ano, as mudanças que uma árvore enfrenta? Assim também somos nós. Quantas vezes fomos podadas e castigadas pelos desertos e tempestades da vida?

Jó nos demonstra essa esperança em meio às adversidades da vida, quando faz uma analogia dizendo: "Porque há esperança para a árvore que, se for cortada, ainda se renovará, e não cessará o seu renovo. Se envelhecer na terra a sua raiz, e o seu tronco morrer no pó, ao cheiro das águas brotará, e dará ramos como uma planta." (Jó 14:7-9).

Olhando para esse versículo, podemos imaginar quanto Jó estava esperançoso, cheio de fé, apesar das circunstâncias ruins que o desolavam. Afinal, esse homem havia perdido todos seus filhos, seus bens materiais, estava enfermo, seus amigos o apontavam e até mesmo sua mulher lhe dizia para amaldiçoar Deus e se entregar à morte. Contudo, quando ele fez essa analogia, na verdade, estava questionando Deus, comparando-se com uma árvore. Se talvez fosse uma, haveria jeito para ele, mas, como não era: quem o levantaria? Quem o renovaria? Quem o traria de volta à vida mais uma vez? Em vez de murmurar, anulando sua fé, ele perseverava buscando compreender o agir de Deus.

Existem estações difíceis que você vivencia, e isso não é merecimento ou consequência do seu agir, mas é a permissão do Senhor para moldá-la, capacitá-la, gerar em você uma fé inabalável, uma força sobrenatural e um testemunho impactante para glorificação do Seu santo nome.

Quem sabe você esteja se sentindo exatamente como uma árvore: cortaram os seus sonhos, a sua alegria, paz ou esperança. Talvez seja sua família, sua vida financeira, emocional e espiritual que esteja morta aos olhos humanos. De qualquer forma, que seus olhos espirituais comecem a enxergar que, assim como a palavra do Senhor nos diz, tudo brotará novamente em sua vida, se você confiar, buscar e obedecer a Ele.

Jó nos ensina a enfrentar com perseverança as estações difíceis.

Mantenha sua esperança viva, tudo ao seu tempo

A Bíblia nos fala que: "Tudo tem o seu tempo determinado, e há tempo para todo o propósito debaixo do céu." (Eclesiastes 3:1). Também nos diz que: "A esperança demorada enfraquece o coração, mas o desejo chegado é árvore de vida." (Provérbios 13:12). Não é fácil, mas é possível suportar os tempos ruins quando confiamos e sabemos que o mesmo Deus que restituiu tudo em dobro para Jó é o nosso e não mudou para agir também em nossa causa.

Jamais deixe que o inimigo tire a sua esperança em Deus, pois seu Aba Pai trabalha com o tempo, mas satanás trabalha com ansiedade e opressão. Portanto: "Deleite-se no Senhor, e ele atenderá aos desejos do seu coração. Entregue o seu caminho ao Senhor; confie nele, e ele agirá." (Salmos 37:4-5).

Suporte o processo da poda para viver o propósito de voltar a brotar

O corte pode matar a árvore e gerar dor. Quantas vezes você já foi cortada, excluído de lugares, oportunidades ou pessoas? Porém, ainda que lhe joguem pragas, que cortem seus galhos de forças, que a desprezem porque caíram as folhas da sua vida, saiba que ainda há esperança para você, pois, quando somos podados, há um propósito. A poda tira as infestações e as doenças da planta, molda-a para crescer forte e bonita, a faz amadurecer e a torna frutífera. Nas mãos de Deus, não morremos, mas brotamos ainda mais fortes. Então: "Aquietai-vos e sabei que eu sou Deus." (Salmos 46:10).

A profundidade das raízes determina a vida

As raízes crescem em segredo, mas sabemos que elas estão ali, fortalecendo e sendo o motivo para a árvore permanecer viva. Assim também é nossa fé, invisível, mas nos fazendo suportar todas as coisas. Quanto mais profundas são suas raízes, mais elas tendem a sobreviver aos ventos fortes e às tempestades que ensopam o solo e não a fazem cair, pois estará alicerçada na rocha, onde há firmeza e reserva de água mantendo-a viva em tempos de seca. Lembre-se de que Deus não depende de circunstâncias favoráveis para agir ao seu favor, pois só basta uma palavra dEle: "Ele muda os tempos e as estações." (Daniel 2:21).

Ao cheiro das águas, há renovação

Quando suas raízes tocam a água viva (Apocalipse 22:17), você recebe uma nova motivação, uma renovação para prosseguir. Ainda que você esteja seca, infrutífera, como um tronco cortado, envelhecido, ou no pó, Deus a fará renascer. Não desanime diante das dificuldades, não desista de sonhar, Deus estará contigo em todas as estações, não importam suas frustações, fraquezas, quedas, medos ou angústias. Ainda que seu tronco e suas folhas caiam, Deus sustentará suas raízes. Ao cheiro das águas, Ele voltará a florescer sua saúde, sua família, seus projetos, sua fé, sua alegria e sua paz, fazendo-a brotar outra vez.

O que lhe sobrevém de ruim não altera sua essência. Mesmo cortada, você ainda é árvore e produzirá seus frutos novamente. Não serão as lutas, perseguições, maus exemplos ou circunstâncias que vão tirá-la do lugar de onde Deus a plantou. Assim como a árvore nos oferece sua sombra quando o sol está forte, as pessoas precisam encontrar em você um refrigério em meio às estações difíceis. Suporte os vendavais, as tempestades e o calor excessivo. Não importa o corte que lhe deram, você tem a habilidade de crescer em Cristo. Quando você foca, conhece quem seu Deus é e o que pode se tornar nEle.

Assim foi comigo. Em maio de 2021, em meio à pandemia, estava gestante de 8 meses quando contraí Covid-19. Precisei ter meu bebê antes do tempo, passei 41 dias internada, 21 dias entubada, traqueostomizada, sondada, sedada e lutando pela vida. Enquanto muitos achavam que eu estava dormindo e não sobreviveria, vivenciava um encontro com Deus.

Como um sonho, acordei em um plano espiritual, onde ouvia uma voz que me convidava para caminhar com ela, uma voz suave, que eu não conseguia definir se era masculina ou feminina, que me conduziu a uma estrada cheia de pedras. As pedras se empilhavam em formato de espiral e, quando questionei quem estava ali comigo, a voz respondia apenas: "Ainda não acabou. Vamos caminhar comigo."

Levou-me a um monte, onde havia uma casa simples e pequena. Quando entrei, logo vi que seu piso estava totalmente rachado, e a voz me disse: "Assim está o seu altar com o Senhor. Vamos caminhar comigo." Continuei entrando e, na parede da casa, havia um espelho onde via meu reflexo, mas não refletia como estava externamente, e sim internamente. Via-me passando batom e com vestes justas, então questionei dizendo que ali não era eu, mas a voz dizia: "Você precisa abrir mão do seu ego, tudo é vaidade. Fala-me sobre prioridade."

Continuei andando até chegar à única e última porta no fundo da casa. Foi quando me deparei com um abismo, um mar agitado à frente, céu escuro, muita chuva acima, e muitas pedras ao lado e embaixo. Então vi uma mulher gestante em cima das pedras, gemendo de dor, como se estivesse dando à luz. E a voz me disse: "Não há mais tempo para barganhar com o Senhor."

Ali fui tomada por um temor indescritível, chorei e clamei por perdão, por uma nova chance, como nunca havia feito. Falei que não aguentava mais tanta dor, nem lutar mais pela vida. Caí no chão aos prantos. Foi quando levantei a cabeça e logo me vi em um lindo jardim, com céu limpo e uma brisa suave. Sentei-me no chão, e veio uma borboleta ao meu colo. Mas, quando ela pousava, via um bebê em meus braços, e a voz me disse: "Agora você vai dançar comigo." Levantei-me e, aninhada como um bebê, dançava de um lado para o outro.

Então senti uma paz inexplicável. Já não havia mais dor, nem choro. Senti um forte abraço e ali soube que era o próprio Espírito Santo que estava comigo a todo instante. E, por fim, pedi para ficar ali e, mais uma vez, a voz disse-me: "Ainda não acabou!" Acordei do coma no dia do meu aniversário, em meio à improbabilidade. Deus manifestou sua misericórdia e, hoje, posso dizer: "Eu te conhecia só de ouvir, mas agora os meus olhos te veem." (Jó 42:5).

Sempre que pensava em desistir, ouvia um sopro: "Ainda não acabou!". Sempre que a tristeza me invadia, meu coração batia mais forte, como se fosse uma oração. Sempre que meu olhar nublava, um Sol brilhava ainda mais, como quem diz: "Olha para cá que a luz não faltará." Sempre que cansava, Sua presença me recarregava.

Sabe o seu plano e as suas oportunidades que falharam? Era Ele alinhando seus planos aos propósitos dEle. Sabe os amigos, relacionamentos e lugares que mudaram? Era Ele fechando ciclos e preparando uma nova estação para você. Sabe o caos na sua casa? Era Ele mexendo nas estruturas e alicerçando seu lar. Sabe o silêncio que restou? Era Ele afastando os barulhos para você ouvir Seu doce sussurro. Sabe o esforço que foi em vão? Era Ele mostrando que é melhor ir pela força do Espírito do que pela força do braço. Sabe a cicatriz que se formou? Era Ele a capacitando para cicatrizar pessoas com a mesma ferida. Era Ele ajustando a rota. Era Ele fazendo faxina na sua alma, bagunçando para depois arrumar. Ele está sempre cuidando. Confia.

Hoje, mais do que nunca, sei como nossa vida é frágil e como Deus é grandioso. Se você está lendo este livro, está vivo. Então, agradeça e celebre a sua vida! Há esperança porque Jesus é a própria vida. Se lhe faltar o ar, Ele é seu respirar. Se lhe faltar forças, o poder de Deus se manifestará em sua fraqueza. Creia no milagre, profetize, que viverá milagres, pois o Deus do impossível está aqui.

"Ainda que seu tronco e suas folhas caiam, Deus sustentará suas raízes."

LORHANA LISBOA

MISS. LUCIANA MARTINS

Sou Luciana Martins, nascida num lar cristão, filha de Jose Santana (*in memoriam*) e Neuza Martins Santana, casada há 29 anos com o Ev. Marconi Elias e mãe de três pedras preciosas: Willamy, Kethely e Pedro Lucas, meus maiores incentivadores para prosseguir.

Sou formada em Teologia pela Fatadeb (Faculdade Teológica da Assembleia de Deus de Brasília) e estou concluindo pós-graduação em Psicologia Pastoral na Unifaveni. Pregadora, palestrante, criadora do projeto "Minha Família na Arca", que tem levantado centenas de famílias, com intuito de alçar aquilo que o Senhor sonhou para os nossos lares, por meio da oração, conhecimento e posicionamento.

Faço parte do ministério Assembleia de Deus do Gama (Adeg), no Distrito Federal. Sou filha amada, escolhida por Deus, purificada por Cristo e guiada pelo Espírito Santo.

Estou à disposição e a serviço do Reino nos contatos a seguir.

miss_lucianamartins

+55 (61) 99390-4600

+55 (61) 99570-1178

Luciana Martins

Missionaria Luciana Martins DF

16 A situação atual não anula as promessas

POR MISS. LUCIANA MARTINS

Nunca desista do chamado que Deus lhe deu, cada novo amanhecer tem a característica do recomeço no chamado de Deus. Se cada detalhe parecer difícil, Deus está olhando o seu esforço, Ele está somando.

Às vezes, o cenário em que estamos não é compatível com as promessas que o Senhor nos fez. Os tempos difíceis se tornam contraditórios em relação às promessas que nos foram feitas. As guerras, as perdas, o diagnóstico, as portas fechadas, as rejeições, as exclusões e o abandono são processos dolorosos, mas esse é o caminho certo para a dependência do Senhor.

Devemos confiar no Eterno, que nos escolheu para uma grande obra, mesmo que fôssemos um projeto falido, naquele que nos viu onde ninguém nos enxergava, que acreditou quando todos já haviam desistido. Como não amar um Deus tão grandioso assim, que nos tira do fundo do poço e nos faz vencedores?

Para vivermos as promessas de Deus, é necessário abrirmos mão dos nossos planos. Acredite, não será uma tarefa fácil, mas é necessária para vivermos o milagre. Muitas das dificuldades que passamos não são do inimigo, mas do próprio Deus nos preparando para recebermos o nosso milagre: *"Assim como os céus são mais altos do que a terra, também os meus caminhos são mais altos do que os seus caminhos e os meus pensamentos mais altos do que os seus pensamentos."* (Isaías 55:9)

Processos

Em 1 Samuel capítulo 1, relata-se o processo doloroso de um casal que amava o Senhor, que cumpria os seus votos, não deixava de adorar e agradecer a Ele no templo e, cheio de sonhos, planejou ter um filho.

O cenário estava favorável, cheio de amor, estrutura e projetos, perfeito para viver o novo. Mas o Senhor disse "não". O Senhor fechou a madre de Ana (observe aqui que não foi o inimigo, foi o próprio Deus), a fim de prepará-la não só para ter um filho como ser mãe de um grande profeta. Para isso, foi necessário ela passar pelo processo. O "não" de Deus também é resposta. Ainda que, às vezes, seja muito doloroso, devemos crer que é o melhor para nós.

Ana começou um grande processo de aflição e frustação por estar estéril, mas isso fazia parte do seu processo de transformação. A esterilidade era vista como uma maldição em todo o Antigo Testamento: mulheres inférteis eram consideradas inferiores, pois não podiam procriar, sendo culpadas, assim, por prejudicarem o futuro da família. Desse modo, o processo de Ana não foi só a esterilidade, ela passou a ser rejeitada e excluída da sociedade.

Crescer é um processo doloroso, exige perdas, alguns momentos de escuridão e muita solidão. Nesses momentos, em nosso próprio escuro, em meio ao silêncio, é que conseguimos parar e nos escutar. Não se pode ajudar uma borboleta a sair de seu casulo. É nesse momento único que ela, sozinha, encontra forças para sobreviver e se transformar. É preciso ter maturidade para saber que o nosso Deus nunca perde o controle, que cada prova não é para morte, mas para glorificação do nome do Senhor.

No meio desse estágio, as coisas vão saindo do nosso controle, tudo parece se complicar um pouco, mas continue confiando, porque você está sob uma promessa. A palavra de Deus está trabalhando, a promessa continua de pé. Em Apocalipse 21:7, é dito: "Ao vencedor herdará todas as coisas.", ou seja, quem chegar até o fim, não quem começou ou quem chegou no meio do caminho, mas os perseverantes até o fim é que herdarão todas as bençãos.

Naquela época, quando a mulher era estéril, a poligamia era considerada ética, mesmo não sendo esse o plano original de Deus para as famílias, e os maridos tinham o aval social para ter outras esposas, a fim de terem filhos com elas ou, até mesmo, para terem concubinas, que não eram reconhecidas como esposas, mas eram mulheres cuja única incumbência era gerar filhos. Inclusive as servas também poderiam fazer esse papel de procriação na família. Ressalvo que tudo isso era um costume aprovado entre os homens, mas não era o plano original de Deus. Porém, a história de Ana fica mais angustiante quando o seu esposo, Elcana, casa-se novamente com Penina, sua serva, com o objetivo de ela somar com a família. Penina veio para a família para somar, mas o seu caráter era de divisão.

Portanto, temos que vigiar e saber quem estamos trazendo para as nossas vidas. No momento da provação, ficamos muito frágeis e não podemos nos precipitar nas decisões, pois ficamos sobre uma forte pressão emocional. Por isso, a nossa dependência precisa estar totalmente em Deus, só Ele sabe o que é melhor para nós.

Penina, que viera para somar, se tornava rival, causava mais danos em meio ao processo de Ana. O ambiente, que era para gerar um milagre, por causa de uma escolha errada, tornou-se um ambiente de rivalidade, fazendo o processo de Ana ainda mais difícil. Penina, aqui, representa o inimigo da nossa alma, que tem como objetivo abalar a nossa fé e desviar o nosso foco da promessa. Por isso, ele inverte tudo em afrontas, intimidações, humilhações, inveja, ciúmes e medos, com a intenção de nos parar e nos arrancar das promessas. Não podemos abrir mão de adorar no meio da luta, a adoração é o combustível para chegamos à vitória.

Ana se deixou levar pelas provocações de Penina, assim como o inimigo das nossas almas, que sempre nos toca onde mais nos causa dor. Lembre-se sempre de que o alvo dele é nos paralisar. Quando tiramos os olhos da promessa e focamos nas dores, isso é fatal para abalar a nossa fé.

Penina queria, assim como todo invejoso, a vida de Ana. Isso fazia com que ela tocasse sempre em suas feridas, o que estava causando dores, angústia e incertezas, que levaram Ana à depressão, a ponto de não comer e não beber mais, pois não havia mais alegria em sua alma. Ana se perdeu em meio às provações, perdeu-se do seu Criador.

Precisamos entender que, quanto mais de Deus nós tivermos, menos o inimigo terá espaço nas nossas vidas. Ana era provocada todo o tempo, inclusive, em Siló, no templo. Penina viu que aquilo estava dando certo e, a cada dia, investia mais, com o intuito de tirá-la das promessas.

Atitude

Devemos entender que o nosso Deus está acima de qualquer adversidade, que maior do que as lutas são as promessas dEle nas nossas vidas. O texto relata que, no ato de fé, Ana fez um voto com Deus (atitude). Precisamos dar um passo de fé e não nos preocuparmos em abrir mão de ambientes, pessoas e coisas que nos tiram da posição de recebimento.

Ana estava em uma mesa, em Silo, que a limitava, onde ela já não cabia mais. Cuidado com o ambiente e as pessoas com as quais, para você conviver, precisa se anular. Há momentos em que é necessário se levantar da mesa. Foi o que Ana fez quando ela entendeu que a resposta não estava nas pessoas, mas, sim, em Deus. Ela se levantou da mesa e foi para o altar. Ali, fez um voto ao Senhor de que mudaria a sua história. Altar é lugar de sacrifício, entrega, renúncia e resposta. Quando Ana entendeu isso, ela teve uma atitude de fé que a fez mudar de vida.

Ana, no altar, não pediu pela morte de Penina. Ela entendeu que o processo nunca tinha sido sobre Penina, e sim sobre o que Deus queria tratar com ela mesma. Ana não orou pedindo para Penina morrer, porque Deus não tem como objetivo matar no processo. Ore para que Deus mude você e em você aquilo que Ele vê necessário. A nossa oração, em meio ao conflito, é para que Deus aja com a sua infinita misericórdia e mude o nosso cenário.

A presença do Senhor na nossa vida é mais importante do que a promessa. Afinal, de que adiantaria a promessa sem a presença? Moisés sabia da importância da presença, por isso, ele disse: "Não me faça sair daqui se a Tua presença não for comigo."

Você entende que, em todo o processo de Ana, a única coisa de que ela precisava era a presença? Enquanto ela dava espaço para Penina, seus dias eram de angústia, mas, quando se encheu da presença do Senhor, não teve mais espaço para a rivalidade. As promessas foram renovadas e o seu semblante era de total alegria. A palavra de Deus traz alegria à nossa vida, porque ela é capaz de nos salvar, dá sentido à nossa fé, ensina-nos a discernir entre o bem e o mal, grava em nosso coração as normas do amor.

Depois da vida de Ana ser transformada em Cristo, ela voltou para mesa, e lá estava Penina, com as mesmas estratégias, querendo tocá-la na ferida, que já não existia mais, porque o Senhor a havia curado. Quando somos curadas por Deus, não temos mais tempo para competição, rivalidade, medo e complexo. Temos em Cristo a capacidade de mudar qualquer ambiente.

O Senhor quer sarar as suas feridas, para que você possa levar a cura para outros. Deus ouviu a oração de Ana e lhe entregou o milagre. Enquanto Ana cuidava do seu milagre, Penina contava o testemunho dela no templo. Vale a pena a perseverança e a fé, mesmo em meio ao caos, para alcançar o milagre. Com a fé inabalável no Senhor, Ana depositou aos Seus pés sua angústia e o seu pedido e, após se levantar daquela oração, estava confiante de que Deus supriria as suas necessidades e lhe daria o tão sonhado filho. Ela creu de todo o coração no Senhor que tudo pode.

Conclusão

O primeiro capítulo de 1 Samuel é de dor, perda, sofrimento, perseguição e incertezas, mas a página vira. O capítulo 2 é de cântico, louvor e gratidão. Creio que a página da sua vida está sendo virada agora e que você receberá o extraordinário de Deus, assim como Ana. O seu processo não é o final da história, pois o Deus que realizou o milagre na vida de Ana é o mesmo Deus hoje.

Alimente sua fé e esperança e não dê ouvidos ao barulho negativo ao seu redor. Concentre-se na voz do Senhor em seu coração, pois Ele continua sussurrando: "Vai dar tudo certo, confie. Suporte o processo para viver as promessas."

"Suportar o processo é o caminho de sucesso para viver o milagre."

MISS. LUCIANA MARTINS

PRA. LUCIANA NUNES

Meu nome é Luciana Nunes. Minha jornada real começou ao encontrar Jesus. Redimida, liberta e transformada por Sua palavra, compreendi Seu propósito e abracei o chamado de semear. Hoje, planto a boa semente, apesar da luta inicial. Relutei, mas Deus, em Sua misericórdia, alistou-me nessa missão. Sou chamada para esta geração, para alcançar um povo por meio do Ministério que Ele me confiou.

Tenho meu filho Kairo Kallyan ao meu lado, e ele aprende e vê em mim uma mulher de Deus. Semeamos e regamos, mas é Papai quem faz crescer. Decidi me dedicar ao ministério pastoral e à salvação de almas. Já são 18 anos nessa jornada, guiada por João 15:16: "Não me escolheram, mas eu os escolhi para darem fruto, fruto que perdure."

Sou Luciana Nunes, fundadora do ministério Casa de Oração Semeadores de Jesus. O Papai falará...

pralucianannunes_

+55 (61) 99931-5914

luciananunes7777@gmail.com

17 A esterilidade espiritual

POR PRA. LUCIANA NUNES

Em Lucas 8:5, lê-se: "O semeador saiu a semear." E, em João 15:5: "Eu sou a videira, vós sois os ramos. Quem permanece em Mim, e Eu nele, esse dá muito fruto; porque sem Mim nada podeis fazer."

Jesus é a videira, a fonte da vida e o centro de nosso relacionamento com Deus. Nós somos os ramos, totalmente dependentes dEle para recebermos uma porção especial. Assim como os ramos dependem da videira, é quando somos conectados com Cristo que vencemos a esterilidade espiritual. Ao estarmos ligados a Cristo, estamos vivos e produtivos. Os frutos são as manifestações do Espírito Santo em nós, assim sendo revelados por ações, pois a presença de Deus não se limita apenas a nós, mas serve para a manifestação da Sua glória, afinal, somos agentes de milagres na Terra; o céu precisa se manifestar por meio de nós, pois a palavra diz: "Digo-lhes a verdade: Aquele que crê em mim fará também as obras que tenho realizado. Fará coisas ainda maiores do que estas, porque eu estou indo para o Pai." (João 14:12)

Jesus foi assunto aos céus, mas nos deixou uma missão e uma promessa: Ele nos deixou a responsabilidade de sermos reflexos do céu na Terra, nos deu a garantia da presença do Espírito Santo em nossas vidas. Isso já seria o suficiente, mas, além disso, nos deu a certeza de que faríamos muitos milagres, até maiores do que os que já foram feitos por Ele. Jesus ressuscitou mortos, deu vista aos cegos, curou paralíticos e fez a promessa que também realizaríamos milagres maiores.

Não existe impossível para o nosso Deus. Ele confunde a medicina em nosso favor, pois o poder de Deus está acima de qualquer força humana. Ele cria vida em cenários de morte, pois não existem limitações em Seu poder. E o servo que deseja ver os milagres de Cristo precisa estar totalmente conectado a Ele, pois Ele é a nossa fonte de vida e esperança. "Porque para Deus, nada será impossível" (Lucas 1:37).

O segredo da promessa

Na jornada de fé, vivenciamos altos e baixos. Sentimos a presença e a graça de Deus, mas também enfrentamos esterilidade espiritual. Porém, não estamos sozinhos nessa experiência. Esterilidade espiritual é sentir-se distante de Deus, com orações não respondidas e fé enfraquecida. Reconhecer isso é essencial para vencermos os obstáculos que nos impedem de sermos alcançados e, também, agentes de milagres.

Deus é o nosso socorro no tempo de fraqueza. Muitas vezes, recorremos aos métodos humanos e somos decepcionados. É claro que Deus deixou o homem e a ciência para muitas coisas, mas, quando a situação humana foge do controle, só existe um método para o milagre, correr para o nosso Salvador, pois todas as situações devem ser utilizadas para a glorificação da pessoa de Cristo. Afinal, dEle, por Ele e para Ele são todas as coisas.

Temos exemplos, como Davi, que era o homem, segundo o coração de Deus, que foi escolhido por Ele para ser o rei de uma nação, que era Sua representante em favor do povo, que passou por momentos de aflição e que sentiu como se sua alma estivesse despedaçada várias vezes, mas que sabia que tinha um refúgio fiel para sua alma. Sentir-se aflito não é um erro, porém é preciso ter a convicção de que: "O nosso Redentor vive e se levantará em nosso favor, em graça, poder e unção." (Jó 19:25).

Elias se sentiu só e abandonado. A opressão foi tão grande que ele pensava que era o único diante de seus opressores. Elias era humano como nós, mas, quando clamava ao Senhor, alcançava respostas visíveis. Vejo com isso que o maior segredo para viver o milagre é ficar totalmente ligado a Deus. Não estamos inibidos por passar aflição, mas temos a garantia de um socorro bem presente em tempos de angústia e aflição.

As consequências da esterilidade espiritual

Esterilidade espiritual enfraquece a fé, leva a tentações e afeta o testemunho cristão. Para superar, o segredo é crer em Jesus, confiando em Sua obra redentora. Fortalecemos a fé por meio da palavra e da oração.

Crer em Jesus vai além da mera crença, é confiar em Sua capacidade de transformar nossas vidas, receber perdão e viver abundantemente.

A comunhão fortalece a fé

Somos feitos um corpo, um amor, iluminados por Cristo, e o nos Espírito Santo capacita. Produzimos frutos em amor, alegria, paz e mais. Conectados a Jesus, transformamos vidas. A comunhão íntima com Cristo transforma nossas vidas e, em meio às dificuldades, somos agentes de transformação. O véu foi rasgado, temos acesso direto a Deus.

Resultado da espera

Para todo tempo de espera, existe uma resposta do céu. Foi assim com Marta e Maria. Pensavam elas que Lázaro estava morto, mas, na visão de Jesus, ele estava apenas adormecido. Foi assim com Jairo: sua filha morreu enquanto Cristo caminhava para seu lar. No caminho para curar a filha de Jairo, Jesus parou e, nesse percurso, uma mulher que sofria de hemorragia foi curada. No percurso do seu milagre, Deus alcançou outras pessoas e, mesmo Ele parando no caminho, não saiu da rota para operar o milagre.

Na minha caminhada, presenciei muitos milagres que Papai fez e, em poucas palavras, tenho alguns relatos e testemunhos de casos que aconteceram na nossa Casa de Oração Semeadores de Jesus. Creio que Papai continua sendo o mesmo hoje e eternamente. Enquanto você está lendo estes relatos, creia que o próximo testemunho será o seu.

Ivanara e Celio

Chave: fé e espera.

Tempo de espera: 25 anos.

Relato de milagre:

Pode passar o tempo que for, se Deus falou, Ele cumpre. Amém!

"Tudo bem, pastora Lu? Vou contar um pouco do meu testemunho. Sou casada há 25 anos e sempre quis ter filhos. Foram 24 anos tentando. No dia 25 de março de 2018, fui a uma festinha de aniversário da minha sobrinha e não me senti bem. Pedi oração para a senhora, que sempre foi usada para liberar vida sobre mulheres estéreis. A senhora orou e Deus a usou poderosamente. O Senhor disse que me viu na frente de uma loja de produtos para crianças, chorando em prantos, perguntando a Ele sobre quando me daria filhos. Então, Ele falou que ouviu a minha oração e que estava vendo um bebê no meu ventre. Chorei muito de alegria. Eu acreditei e agradeci com ações de graças. Meu filho Isaac nasceu no dia 8 de março de 2022.

Carol e Fabiano

Chave: perseverança.

Tempo de espera: 3 anos.

Relato de milagre:

Escrever sobre o meu testemunho é a maior certeza que tenho sobre o amor de Deus. Conhecer a pastora Lu não foi apenas ter alguém para profetizar, foi ganhar um presente embrulhado em laços gigantes e brilhantes. Quem conhece a Lu sabe que ela é um instrumento do Senhor, pois profetiza, mas, principalmente, cuida dos seus.

Minha história com ela começou quando já estava tentando engravidar há mais de 3 anos, pois nasci com uma anomalia uterina chamada útero unicorno. Todos os médicos diziam que a única e remota chance seria fazer uma FIV (fertilização *in vitro*), mas ainda teria outro problema caso conseguisse, que era segurar a gestação.

Depois de muitas tentativas, em novembro de 2019, decidimos procurar médicos em São Paulo, pois onde moro, em Brasília, já não me davam esperanças. Em dezembro, uma pessoa muito querida, que conhecia a Lu, convidou-me para o culto, pois sabia que a pastora era usada na Terra e que já havia sido canal de cura. Na verdade, eu já estava exausta de ir a tantos lugares pedir, rezar e orar. Mas, naquela noite, Deus tocou o meu coração e fui sozinha ao culto. Chegando lá, fui recebida com aquele abraço que só ela sabia dar, como um colo de mãe. Logo pensei: "Essa mulher está me confundindo com alguém para me abraçar assim." Sem graça, procurei uma cadeira para assistir ao culto e, no final, Deus tocou a Lu para falar comigo.

Ninguém sabia o que eu estava passando. A única informação que tinham era que tinha dificuldade para engravidar. E, assim, o Senhor falou: "Estou lhe curando hoje, abrindo sua madre. Estou tirando toda a endometriose, estou refazendo o seu útero (meu útero nasceu pela metade e não havia comunicação com uma trompa) e está vindo uma menina branca como a neve."

Chorei rios. Mas, naquele dia, Deus me deu algo que já estava adormecido: a fé. Só uma coisa falei para o meu marido: "Ela errou feio: branca como a neve. Sou morena e meu marido não é loiro." Porém, para quem vive de milagres, minha filha nasceu branca como a neve. Só tenho a agradecer a Deus, pois ganhei dois presentes: minha filha e a pastora Lu em nossas vidas.

Temos provas vivas de que Deus fala e cumpre. Estou plenamente convicta de que Aquele que iniciou boa obra em nós há de concluí-la até o dia de Cristo Jesus. Creio que, gerados em Cristo, a videira verdadeira, iremos florescer e frutificar para o Reino. Essa realidade tornou-se evidente nas histórias de Marta e Maria, pois, sob a perspectiva de Jesus, já havia milagres, Deus já alcançara várias vidas, demonstrando que Sua intervenção não se limitava a um único milagre.

Ao longo de minha própria trajetória, tive o privilégio de testemunhar inúmeros feitos miraculosos realizados por Papai. Esses relatos vivos validam que Deus não apenas fala, mas cumpre Suas promessas. Concluo reafirmando minha fé na passagem de Filipenses 1:6: "Aquele que começou a boa obra em vós, a aperfeiçoará até o dia de Cristo Jesus."

Finalizo engrandecendo o nome do Senhor pela grandeza da Sua misericórdia e por Se fazer presente em cada página deste livro, pois, sem Sua graça, nenhuma palavra ou milagre seriam possíveis. Agradeço e dedico esta obra ao meu amado filho Kairo Kallyan, que é meu companheiro de jornada. Também sou grata a minha melhor amiga, Eliana Evangelista, por todo o zelo e apoio nessa caminhada.

Papai fala e Papai cumpre! Eita, Papai!

Permanecer em Cristo nos traz frutos e transformações. Deus cumpre promessas. Lembre-se do amor do Senhor. A fé é o segredo. Em comunhão, transformamos vidas. A voz de Deus nos guia. Na espera, Deus age. Creia, pois Ele é fiel.

“

Nas histórias de espera, Deus revela o segredo da resposta, transformando esterilidade em frutos de promessas cumpridas.

”

PRA. LUCIANA NUNES

PRA. MAGNA BATISTA

Sou a Pra. Magna Batista, casada há 25 anos com o Pr. Francisco Batista. Sou líder fundadora da Igreja Nacional Semeando Vida, no Parque Belém, na cidade de Angra dos Reis, Rio de Janeiro. Atuo como pastora, professora, teóloga, palestrante, com 29 anos de ministério, trabalhando no Brasil e no exterior.

Quando fomos chamados para o ministério, não tínhamos a ideia do que nos aguardava. Recém-casados, assim que voltamos da lua de mel, fomos enviados para missões. Naquele momento, parecia loucura: como assim deixar tudo? Mas, hoje, eu posso afirmar: não tínhamos nada e, daquele dia em diante, bastava apenas saber que Ele era tudo.

Foi Ele quem nos apresentou a fonte de vida, cujos barulhos das águas sussurravam em nossos ouvidos como uma leve e doce declaração de amor, que conduziram nossas vidas para o *ide*, onde levar as boas-novas tem sido nossa prioridade, e semear vida, nossa maior missão.

pra.magna

18 Semeando vida

POR PRA. MAGNA BATISTA

Oi! Que bom que você chegou até aqui! Deixe eu me apresentar. Meu nome é Magna, e hoje caminharemos juntas(os) se você me permitir, pois tem Alguém muito especial que deseja falar com você. Mas, antes, posso orar por você?

"Pai querido! Esta pessoa incrível, que está neste momento lendo o capítulo deste livro, ama o Senhor. Peço que o Senhor a visite e a abençoe muito, que, neste breve tempo que teremos aqui, sejamos visitadas(os) pela sua presença. Amém!"

Caso nunca lhe tenham dito, estou diante de uma preciosidade: Deus nos fez reis e sacerdotes. Que honra poder ser inspirada por Deus por causa do seu coração! Hoje estou aqui, escrevendo estas breves palavras, mas um dia tentaram me calar, um dia precisei colocar os pés em um mundo, até então, completamente desconhecido para mim, uma menina de 5 anos de apara fugir dos abusos do meu pai, que era alcoólatra. Infelizmente, como muitas famílias que vivem a dor da separação, com a minha não foi diferente.

Fomos morar em uma quitinete no quintal de uma tia: eu, minha mãe e meu irmão. Mas, para uma criança de 5 anos de idade, tudo parecia uma aventura. Afinal, o que eu sabia da vida? Estava apenas começando a minha história, dando ainda meus primeiros passos. Porém, quando o pai sai de casa, fica um vazio, surge então a carência, que cedo ou tarde será ocupada por alguém, e esse alguém será um estranho, ou vários estranhos. E foi exatamente isso que aconteceu: com apenas 5 anos de idade, comecei a ser abusada, e esses abusos foram até os meus 17 anos.

Vivi todo esse tempo em silêncio, tinha dificuldades nos relacionamentos, não sabia me expressar, tinha complexos, medos, vontade de morrer, mas nunca estive sozinha, nunca fui desamparada. Foram muitos os que abusaram de mim, mas teve um muito especial que me amou: Ele me amou!

Aquela menina de 5 anos, pequena e insignificante, despertou interesses. Alguém queria que ela não crescesse, que ela não vingasse, que ela não frutificasse: "A terra no início da criação era sem forma e vazia." (Genesis 1:2). Deus, para tornar existência o que não existia, não precisou tocar, Ele só precisou falar e liberar a palavra.

Quantas vezes, em meio às nossas lutas, achamos que, para vencer o inimigo, precisamos usar as mesmas armas que ele. Não! Nós não vencemos assim. Sou uma semente, e você também é. Deus não nos criou para começarmos grandes, nos criou para sermos parecidos com Ele.

Você já se olhou no espelho hoje? Já observou que você tem os traços do seu pai? Talvez tenham dito que você se parece mais com sua mãe, ok? Não vamos questionar isso. Você tem toda a razão. Eu acredito em você e posso lhe afirmar que Seu Pai também acredita que, como sementes, ainda vamos crescer. Afinal, Ele também começa bem pequenininho em nossos corações.

Os meus abusos não me fizeram desistir, não me fizeram ficar decepcionada com quem quer que seja, afinal: "Sou uma semente, que um planta, outro rega, mas Deus dá o crescimento." (1 Coríntios 3:6-7).

Muitas coisas têm acontecido na atualidade e muitas coisas se repetem. Apesar do tempo e a quantidade de informações, parece que vivemos uma reprise de eventos que insistem em continuar em evidência, e a pergunta que, muitas vezes, fazemos é: por quê? Porque há espectadores e plateias que ainda preferem roteiros prontos, em vez de valorizarem sua própria história. A semente não começará grande, ela se desenvolverá e passará por muitas transformações. Você já deve ter ouvido a expressão: "quem te viu e quem te vê".

Certa vez, disse Jesus: "Se tiverdes fé como um grão de mostarda." (Lucas 17:6). Ele sabe que: "A fé vem pelo ouvir, e o ouvir pela Palavra de Deus." (Romanos 10:17). Logo, eu a tenho, porque Ele disse, porque Ele falou. Eu não sei se você já se sentiu impotente, com vergonha, ou com medo. Eu já. E posso lhe afirmar que, nesta jornada chamada de vida, volta e meia, tenho que fazer uma parada no ponto de calibração, para permitir que o Criador ajuste alguns componentes desgastados pelo mau uso.

Vão nos ferir, vão nos magoar e vão nos decepcionar. Quem? Aqueles a quem dermos ouvidos, pois, pela mesma via que a fé vem, outras ofertas também seguirão o mesmo critério. Os meus abusadores, aqueles que me feriram, não eram deuses, nunca permitiria que a imagem deles fosse maior do que a imagem do meu Criador, do meu Pai. Eu não precisei ser tocada por Deus, precisei ser amada por Ele, e o amor dEle pude experimentar por meio da Sua doce e terna palavra.

Quando minha mãe foi apresentada a Jesus, ela conseguiu levar todos da nossa casa para a igreja. Todos começamos a assistir aos cultos e a nos maravilharmos com essa primeira experiência de fé. Tudo era novidade, mas aquele lugar não era o paraíso: eu estava saindo do Egito (mundo) e precisaria entender que, para chegar à terra da promessa, precisaria passar pelo deserto. Se fosse apenas passar pelo deserto, o desafio aparentemente seria possível. Possível, não fácil.

Primeiro, porque o mundo não lhe deixa sair assim do nada, ele insiste em aprisioná-la(lo). Afinal, foram anos construindo costumes e crenças e, sem nos limparmos disso tudo, seria impossível vivermos algo novo. Conseguimos, a princípio, nos desvencilharmos das correntes que nos escravizavam, mergulhamos em um grande mar de adversidades, sem que nenhuma gota nos atingisse. Somos impactados pelo sobrenatural, motivados por um cajado nas mãos de uma autoridade, constituída por Deus, para nos guiar rumo à terra da promessa. Ah... o lugar da promessa! Existe uma terra que foi toda preparada para receber essa pequena semente, mas, para ser plantada, ela precisa chegar lá. Um agricultor prepara a terra e seleciona suas sementes, e são as mãos dEle que nos guiarão até aquele lugar.

Tudo na minha vida de dor e sofrimento começou aos 5 anos de idade, e, por 12 anos, precisei perseverar e resistir à sequidão do deserto. Meus abusadores sabiam que eu era uma criança, uma adolescente e, por fim, uma jovem. Enfim, foram anos me sentindo o pior dos seres humanos. Mas por que você não pediu ajuda? Por que você não denunciou? Porque todos nós éramos culpados.

Isso pode parecer loucura, mas, no meu caso, preferi não ser a vítima dessa história. Se tudo teve um tempo para começar, certamente teria um tempo para terminar. Todos temos situações delicadas, nas quais, dependendo dos envolvidos, principalmente quando esses são unidos por laços afetivos, todos se calam, não pedem ajuda e nem denunciam. E, naquela época, não havia os meios que hoje existem e tornam mais eficazes as ações contra esses atos.

Hoje não podemos nos calar, precisamos observar de perto e com atenção cada comportamento diferente das nossas crianças, dos nossos jovens, mas, acima de tudo, precisamos ser referência, como aquelas placas de sinalização que indicam o caminho que nos levam a um lugar seguro. Deus não perguntou como Adão e Eva estavam, mas, sim, onde estavam (Genesis 3:9). Não se trata do que os abusos fizeram comigo, mas, sim, de onde eles poderiam me levar. Muitas vezes, não paramos para refletir sobre como tudo na vida começa pequeno e como, de praxe, ignoramos os pequenos começos, os pequenos sinais.

Aquela menina de 5 anos poderia não ter vingado, aquela menina de 5 anos era uma pequena semente, assim como os problemas e diversidades da vida. Como um pequeno tumor, um pequeno sinal ignorado, ou um pequeno sintoma ou, quem sabe, uma pequena oportunidade, um trabalho insignificante, uma amizade ou um amor que tem tudo para dar errado, afinal o sentimento é tão pequeno, tão pouco...

A terra, que foi preparada para brotar a benção, está aguardando a chegada da semente. Por que esse deserto não acaba nunca? Por que essa dor não cessa e esse problema não é resolvido? Porque estamos parando demais no caminho, e os pássaros estão vindo e comendo a nossa esperança, as pedras estão dificultando nossas raízes de se fortalecerem e os espinhos estão nos sufocando para impedir o nosso crescimento (Mateus 13:4).

Através da vida dos meus pais, eu nasci. Pelas escolhas imaturas deles, eu fiquei sem direção. Mas, por meio do sim que minha mãe respondeu para Jesus, fui resgatada. Egito não é o lugar para os filhos, tampouco o deserto é lugar de moradia. Precisamos sair, precisamos passar, precisamos chegar ao lugar escolhido pelo Senhor, onde seremos plantados, regados e vamos crescer.

Eu não desisti e, ao contrário do que tentaram fazer comigo, aquela menina de 5 anos vingou, ela cresceu, frutificou. Com 17 anos, fui para Cristo; com 23 anos, eu me casei, fui forjada e treinada em meio às dores, que, por piores que possam ser, jamais serão mais fortes do que o amor, do que o perdão e do que a fé.

Encontrei a boa terra, e ela, diferente do que muitos pensam, não é suja ou empoeirada, não foi feita para ser pisada, não é de pedra. A boa terra deve ser guardada, pois ela é fonte de vida. Durante muito tempo, andei por caminhos errados, em meio à escuridão, não tinha referências, por isso não era tempo ainda de chegar ao meu destino. Mas, quando a luz da palavra de Deus se acendeu, ela trouxe vida ao meu coração.

Eu não sei como está sua vida, como tem sido a sua história, mas o Senhor me apresentou a porta do templo, para dizer a você e a todos que aqui chegaram: "Não tenho prata nem ouro, mas o que tenho, isso lhe dou." (Atos dos Apóstolos 3: 6).

Você quer transformar a sua vida e a sua história? Levante-se e ande na palavra, pois ela é: "Lâmpada para os seus pés e luz para o seu caminho." (Salmos 119:105).

Deus abençoe!

"Ela pode ser pequena, mas nunca insignificante, porque ela é semente, semente de amor."

PRA. MAGNA BATISTA

MARGARETE AMARAL

Sou Margarete Amaral, serva do Deus Altíssimo, escolhida por graça e não por merecimento, combatente alistada no exército de Cristo. Sou carioca, casada com o Pb. Luís Soares, mãe de Samuel e Emanuele. Cantora, compositora e pregadora do evangelho por mais de 20 anos, idealizadora do simpósio "Mulheres Transformadas pela Palavra". Sou uma pessoa sedenta por conhecimento.

Advogada, possuo algumas especializações. Hoje estou em Vancouver, no Canadá, consolidando minha carreira após o término do mestrado em Administração de Empresas, na University Canada West. Meu maior prazer é contribuir para o crescimento do reino de Deus. Estou nesta terra fria e carente do evangelho, cumprindo o propósito do Eterno. Meu desejo é que a porção derramada neste capítulo possa alcançar seu coração e renovar sua mente.

Mantenha-se em contato comigo por meio das nossas redes.

MARGARETE.AMARAL

MULHERES_TRANSFORMADASS

cantora_margarete@hotmail.com

19 Tribulação: não fuja!

POR MARGARETE AMARAL

Iniciamos este capítulo com um questionamento: você gostaria de viver tribulação? Certamente, a resposta seria: "não". Quero compartilhar com você verdades sobre a tribulação que o(a) fará avançar nesse processo de dor, além de trazer clareza sobre esse tema tão evitado. Caminhe comigo em uma experiência pessoal e poderosa. Você receberá vida abundante, mesmo sendo atribulado.

Voltemos ao ano de 2018, ano de luta, grande aperto, morte e vida e tribulação. Mas vamos refletir, antes de tudo, sobre o que de fato é considerado tribulação. A palavra tribulação se tornou corriqueira, utilizada comumente entre nós, mas, certamente, não se refere a toda situação adversa, que vai de encontro aos planos, às vontades ou ao que considere um problema que possa ser definido como tribulação.

Segundo o grego original, *thlibõ*, para uma pessoa ser considerada atribulada, a situação necessariamente deve levar ao aperto, a fim de ela ser prensada, espremida e esmagada. Baseada nesse significado, posso afirmar que eu fui atribulada. E você? Já foi atribulado ao ponto de pensar que era o fim? Qual a sua ótica sobre a tribulação? E qual é o verdadeiro sentido da tribulação?

Temos respostas exatas para todas essas interrogações. Nosso amado Paulo, isso mesmo, Paulo de Tarso, perito em tribulação, escreve aos Romanos, no seu capítulo 5, que "a tribulação produz, se a tribulação produz, ela proporciona e gera, é solo fértil e essencial para crescimento e amadurecimento". Sendo assim, a tribulação não chega para paralisar, mas, sim, para produzir o que tempos de bonança não produzem. Ah!... Como foi difícil entender esse ponto!

Eu regressava de um acampamento espiritual de mulheres, realizado em Goiânia, para minha casa em Nova Iguaçu, no Rio de Janeiro. Estava em atividades intensas, organizando o simpósio "Mulheres Transformadas pela Palavra", evento voltado para mulheres. De repente, comecei a sentir fortes dores no peito. Dizia: "Não posso parar!", mas aquela dor foi se alastrando até tomar todo o meu corpo. Em dois meses, eu estava na cama.

Com agenda lotada, um filho de 5 anos e uma filha de 1 ano e 6 meses, realizando pós-graduação, cheia de sonhos e projetos, a tribulação chegou. Por que logo agora ela chegou? Você também já deve ter se perguntado o porquê dessa tribulação. A primeira perspectiva é que eu e você, quando atribulados, estamos no início de um processo incrível, doloroso e maravilhoso, que nos levará a um outro nível de fé. Mas, para isso, precisamos enxergar a tribulação com propósito e nos posicionarmos na fé.

Chegou o tempo de vivermos processos frutíferos, mesmo que a realidade de dor não seja compatível com o lugar a que Deus prometeu que chegaríamos. Não falo de cenários, e sim de propósito. Essa tribulação tem propósito, não fuja, abrace-a, pois Deus a confiou a você, Ele confia em você.

Permita que eu me aprofunde um pouco mais. Os médicos investigaram todas as possíveis doenças, mas nenhum exame mostrava nada. Meu marido não podia mais me tocar, a dor era tão terrível que a morfina não trazia alívio algum. Não conseguia pegar minha filha no colo, vivia dias ruins e outros piores. No auge da dor, perguntei a Deus se Ele podia me revelar o que estava acontecendo comigo, pois não suportava mais. Não dormia e dependia de ajuda para fazer atividades básicas. Que aperto! Eu estava sendo espremida. Mas para quê? Qual a finalidade daquele processo?

Os processos de prensagem moldam a matéria-prima no formato desejado. Eu e você somos a matéria-prima na mão do Oleiro. Deus permite sermos prensados e moldados, a fim de sermos semelhantes a Ele. Se o próprio filho de Deus, Jesus Cristo, foi prensado, por que eu e você seríamos poupados? Aquele que tem autoridade sobre tudo e todos permitiu que a tribulação me alcançasse. Por que fugir? Pare, neste momento, e reflita se fugir do processo está trazendo resultados positivos ou se você simplesmente está gastando energia lutando contra a tribulação. Não desperdice sua força lutando contra a tribulação, caminhe com ela até que, do alto, venha o socorro.

Quando você decidir aceitar que está sendo atribulado, você vai começar a gerar características que não possuía. Não falo de conformismo, falo de não ser negacionista. Sim! Estou sendo atribulado. O que vou produzir? Paulo nos apontou o caminho. Preparado(a) para escalar comigo? A tribulação produz paciência, a paciência produz a experiência e a experiência produz a esperança (Romanos 5:3-4). Perceba, trata-se de etapas necessárias a serem trilhadas. Então, prepare a mochila e coloque dentro dela tudo o que você vai precisar para ter sucesso na tribulação.

Gostaria de recomendar que pegue uma mochila grande e reforçada. Preparado(a)? Viva a palavra de Deus todos os dias e noites, faça uma oração direcionada, tenha revestimento, foque na sua mente, faça o dever de casa, mergulhe em Efésios 6, escolha quem vai fazer parte do processo e não renuncie àqueles que o próprio Deus enviar. A murmuração você pode deixar de fora, não vai agregar, atrapalha demais. Tenha coragem para paralisar vozes que não agregam na sua fé. É primordial que você carregue em suas mãos, todo o tempo, o escudo da fé e se prepare, porque virão muitos dardos cheios de fogo na ponta para inflamar sua mente e tomar todo o seu corpo (Efésios 6:16).

Feche os seus olhos e visualize uma montanha de 3 níveis para ser escalada. Cada nível vai ser um ponto de parada. Tudo pronto? Vamos! Você consegue! Agora é a hora de você começar a subir. Lembre-se de não ter pressa para chegar ao topo, porque, quando atribulado(a), a constância é mais importante do que a velocidade acelerada. O fato é que, no início, a subida é mais fácil, mas nunca sabemos o que vamos encontrar no caminho. E é certo que o cansaço vai tentar nos convencer a desistir.

Em certa noite de muita dor, comecei a me despedir do meu marido, dei diretrizes sobre a criação dos nossos filhos, pedi para que ele se casasse com uma mulher de Deus e que nunca a levasse para Nova York (risos). Sim, eu estava desistindo. De repente, Deus, com sua voz tão maravilhosa, sussurrou no meu ouvido dizendo: "Filha, por que está se despedindo? Alegrai-vos na esperança, sede pacientes na tribulação e perseverai na oração." (Romanos 12:12).

Aleluia! Alcancei o primeiro nível, a paciência. A tribulação é uma ferramenta poderosa para produzir o fruto do Espírito chamado paciência. E ela é a consequência de caminharmos com Jesus. Queremos ser semelhantes a Jesus, mas não suportamos os processos que nos levarão a termos o caráter de Cristo. Então, não convém retroceder nem desistir.

O cenário vai mudar, você lidará, então, com matas mais densas e fechadas, mas, nesse ponto de subida, será capaz de tomar decisões mais assertivas e, mesmo que mensagens do inferno tentem alcançar a sua mente, não se esqueça de manejar bem a palavra da verdade. Lembre-se de Jesus sendo tentado no deserto: para cada proposta do diabo, verbalize a palavra. Repito: não mentalize, verbalize a palavra (Lucas 4).

Não ceda, Deus nos permite passar por grande aperto, mas o diabo se aproveita dos momentos de desgaste para tentar minar a nossa fé. Sendo assim, a dúvida não combina com aquele que decidiu caminhar por fé. Proteja-se nas verdades imutáveis da Palavra de Deus e decida trazer à memória o que pode lhe dar esperança (Lamentações 3:21).

No processo da doença, fiz um propósito com o meu Amado. Este foi o acordo: se fosse para morrer, que eu morresse falando do Seu amor. E lá estava eu pregando para centenas de mulheres. Ninguém sabia o que eu estava vivendo; meu marido segurava Manu, minha filha, no colo; e meu filho Samuel brincava do lado de fora do ginásio. Em um dado momento, comecei a sentir sintomas sérios; não estava bem. Pedi ao Senhor que me desse a oportunidade de terminar a mensagem. Consegui.

Retirei-me para uma sala reservada e me sentei esperando a morte, até que ouvi a voz do meu filho Samuel, mas já não conseguia vê-lo. Ele entrou, colocou a mão na minha cabeça — um menino de 5 anos, cheio de autoridade —, declarou Salmos 23 inteiro sobre a minha vida e, no final, exclamou: "Mãe! Não morre!". Ah, queridos leitores, Deus soprou vida sobre mim mais uma vez!

Respire fundo! Procure um lugar para descansar um pouco. Acabamos de chegar à segunda parada. Nesse nível, a paciência gerou experiência. Cada tribulação levará a uma experiência incrível, experiências que tempos de alegria jamais gerariam em você. Ah, Apóstolo Paulo, consigo entender sua emblemática frase: "Porque a nossa leve e momentânea tribulação produz para nós um peso eterno de glória mui excelente." (2 Coríntios 4:17).

Aquele que é experimentado em dores se glorifica nas tribulações, não porque seja prazeroso sentir dor, mas porque Deus usa as dificuldades para edificar o nosso caráter. Falta muito pouco, você já consegue ver o topo. Então, continuemos.

Em uma campanha de oração, no meu lar, com duas amadas irmãs, Miss. Cleonice e Miss. Elizabeth, decidi agradecer por tudo o que não conseguia fazer. Agradeci por meu marido não ter me deixado, agradeci por não conseguir cozinhar e por cuidar da minha casa, agradeci por todos os nãos. De repente, uma voz doce e suave me disse audivelmente: "Filha, porque fostes fiel, Eu te curo hoje."

Não desfaleça a sua fé, porque, mesmo que o homem exterior se corrompa, o interior se renova diariamente. Será de suma importância, nesse momento, que você gerencie suas emoções. É um desafio possível de ser superado. Superação é você ultrapassar expectativas, limites e diagnósticos. Esteja preparado para ser um colecionador de troféus, pois você chegou ao último nível. Contemple a vista de cima, veja todo o caminho que você trilhou. Que vista linda! A experiência produziu esperança. A esperança gerada em você jamais poderá ser roubada. Não fuja da tribulação, você nunca mais será o(a) mesmo(a).

> *Esperei com paciência no Senhor, e Ele se inclinou para mim, e ouviu o meu clamor. Tirou-me dum lago horrível, dum charco de lodo, pôs os meus pés sobre uma rocha, firmou os meus passos. E pôs um novo cântico na minha boca, um hino ao nosso Deus; muitos o verão, e temerão, e confiarão no Senhor. (Salmos 40:1-3)*

"A tribulação não paralisa, mas, sim, produz o que tempos de bonança são incapazes de gerar."

MARGARETE AMARAL

PRA. MARTA DUTRA

Sou a pastora Marta Dutra, casada com o pastor Marcelo Dutra e mãe de três filhos: Rebecca, Tiago e Acsa. Resido nos Estados Unidos, na Flórida, onde eu e meu marido fazemos um trabalho de brasileiros com latinos na *Shoreline Church,* chamado Projeto Gênesis, no qual instruímos estrangeiros sobre o evangelho. Sou autora, filha mais nova, brasileira e nordestina.

Fui convertida ao evangelho ainda na adolescência, sofrendo oposição contra minha fé, enfrentando e vencendo pela graça. Ministro sobre a palavra de Deus há 28 anos, anunciando o reino de Deus e transbordando na vida de mulheres por meio da palavra. Produzo, também, conteúdos nas redes sociais, nas quais discuto temas cristão diversos.

pra.marta_dutra

+1 (850) 345-8102

20 Raabe: Transformada pela graça

POR PRA. MARTA DUTRA

Na minha adolescência, ocorreu minha conversão a Jesus. Uma fonte transbordante surgia em meu ser tão forte que eu sentia vontade de falar para o mundo inteiro que estava servindo a esse Deus. Eu, tão improvável, estava servindo ao Senhor. Esse encontro gerou mudanças dentro de mim; já não desejava ser a mesma de outrora.

Nesse caminho, ocorreram oposições do inimigo contra minha vida, até mesmo dentro da minha própria casa, com ameaças para que não fosse mais falado sobre Jesus. Eu era chamada de louca. Porém, aquilo que havia me tocado era mais forte e, com a força que emanava dessa fonte, após nosso encontro, sentia vontade de ser diferente e mostrar para todos que agora servia ao Senhor, nosso Deus. A partir daquele momento, eu era cristã.

O Senhor colocou mulheres de oração na minha caminhada, que buscavam a Deus pela minha vida, por meu intermédio. Fui, também, fortalecida a cada dia, para prosseguir no propósito de Deus. O Pai me levantou como lâmpada acesa em minha casa, para que todos pudessem, também, conhecer a Jesus, quando eu levava esse ministério para o campo, a fim de falar do nosso Salvador para todos.

Houve batalhas, perdas e tristeza, mas Cristo foi sempre o bom pastor. Essa caminhada com Deus me trouxe muitas experiências. Hoje, posso perceber essa chama ardente em meu coração, que, junto à responsabilidade pastoral, inclina-me para o propósito de servir, ganhar almas e cuidar de vidas, levantando outras mulheres improváveis. Deus não espera que sejamos perfeitos para nos usar. Ao declararmos nossa fé, Ele executa Seu plano em vidas.

A vontade e o propósito de Deus se cumprirão em sua vida, e será preciso dar abertura para que a fonte possa jorrar. A Bíblia relata a história de Raabe como ilustração de uma vida totalmente transformada após ela ter confiado no Deus de Israel. O Senhor diz: "Não vos lembreis das coisas passadas, nem considereis as antigas. Eis que faço uma coisa nova; está saindo à luz, porventura não a percebeis?" (Isaías 43:18-19).

Raabe era uma prostituta e não fazia parte da nação escolhida por Deus, mas, ainda assim, o Senhor a chamou e abriu os seus olhos. Pela fé, a improvável Raabe se tornou filha de Deus. A fé dessa mulher revelou a tamanha graça de Deus, que alcança até mesmo aquele que sequer é considerado digno de uma chance. A santa palavra nos diz que: "Onde o pecado abundou, superabundou a graça." (Romanos 5:20).

É possível aprender com essa história, trazendo uma grande lição para nossas vidas. Raabe ganhava seu sustento vendendo seu corpo, não fazia parte da nação escolhida por Deus, mas, ainda assim, o Senhor a chamou. Somos chamados e escolhidos por Deus, ainda que não sejamos dignos, e estamos debaixo de Sua graça.

Raabe ouviu as histórias sobre as pragas no Egito para libertar o seu povo. A sua fé em Deus já era presente, ela ouviu e creu. Ao ouvir a palavra, Raabe teve a plena convicção de que Deus é amor profundo, que não se baseia em condições para existir, que não há nada que possa ser feito para aumentar ou diminuir o seu amor por nós, pois Ele é a própria fonte desse amor.

A história dessa mulher nos demonstra que Deus pode escolher e usar qualquer pessoa independentemente da sua origem e de seu passado. Por sua história e contexto, Raabe poderia ter ignorado os planos do Senhor para sua vida, entretanto ela decidiu acreditar em um Deus que a valorizava. Essa é a confiança que devemos ter ao nos aproximarmos de Deus. Confia no Senhor e, verdadeiramente, serás alimentado. Entregue seu caminho ao Senhor, confia nEle, e mais Ele fará. Seremos transformadas pelo poder e graça do Pai, alcançaremos lugares diferentes e mais altos, inimagináveis, incríveis, com base na convicção no propósito de Deus.

É importante entendermos que a transformação na vida de Raabe não foi artificial e nem momentânea. Seu valor foi resgatado e sua identidade transformada como a imagem e semelhança de Deus. O Senhor coloca vestes espirituais em nossas vidas (Provérbios 31:25). O poder transformador na vida de Raabe pode atuar também na sua vida, mudar seu caráter, seus valores, encher você do Espírito Santo, para caminhar na direção dos planos de Deus. Creia!

Ele está pensando coisas boas a seu respeito: "Porque eu bem sei os pensamentos que penso de vós. Diz o Senhor: pensamentos de paz e não de mal. Para vos dar o fim que esperais." (Jeremias 29:11). Deseje ser transformado de glória em glória na própria imagem de Cristo, pois, sem transformação, não podemos ser sua imagem e semelhança.

Assim, a vida daquela mulher traz uma grande lição para nossas vidas. Por meio de sua fé e da graça de Deus, nosso Senhor, Raabe foi usada para salvar sua família e fez cumprir a palavra do Senhor sobre um povo de Israel. Pela fé, Deus se fez presente em sua vida mudando a vida daquela que seria improvável, desprezada e deixada para trás. Desse modo, como Cristo mudou a vida de Raabe e fez cumprir Sua vontade na vida dela, esse mesmo Cristo pode levantar você neste tempo.

A fé é o alicerce para que Deus possa agir em qualquer situação, modificando-a e nos fortalecendo para podermos ir além. Somos improváveis, porém escolhidos. Creia que você também será porta-voz na sua casa, orando e declarando: "Eu e minha casa serviremos ao Senhor." (Josué 24:15).

Muitas mulheres, assim como Raabe, tiveram experiências dolorosas, que provocaram danos na sua vida atual, geraram amargura e rancor em seus corações, mas a palavra de Deus diz que o Senhor pega as coisas arruinadas e as converte em algo belo, dando beleza em lugar de cinzas (Isaías 61:3). Nossos sentimentos não nos condenam, visto que Cristo pode trabalhar neles. A palavra diz que Aquele que começou a boa obra em nós irá aperfeiçoá-la até o dia de Nosso Senhor Jesus Cristo (Filipenses 1:6).

Deus está preparando você para um grande acontecimento. Mergulhe nele, deixe que a água viva que jorra da fonte possa lavá-la e levá-la ao destino profético. Raabe decidiu mudar, sendo transformada pela fé em Deus e confiando nesse Senhor de Israel. Sua história, como de Raabe, não terminou. Deus faz tudo novo, separa as trevas da luz e estabelece o reino dEle em você.

A fé de Raabe trouxe Deus para sua história. Se você que se sente uma mulher improvável, desprezada e deixada para trás, com feridas emocionais e traumas, lembre-se de que o Senhor disse em Sua palavra que vai fazer coisas novas em seu coração. Deus não parou de se movimentar no meio do seu povo: "Eis que farei cicatrizar o teu ferimento e curarei todas as tuas feridas." (Jeremias 30:17).

É bom saber que a fé é o alicerce, não importa a situação. Deus nos fortalece e nos faz ir além. Podemos também aprender com Raabe que o Senhor nos coloca em lugares para que sejamos fonte do Seu favor e da

Sua graça. Raabe se tornou um referencial de coragem, de mulher valente, de guerreira e de muita fé.

Na Bíblia, a história de Raabe é encontrada no livro de Josué, nos capítulos 2 a 6. Ela aparece na genealogia de Jesus (Mateus 1:5) e é citada em Hebreus, na Galileia dos Heróis da Fé. Suas obras provaram sua fé e Deus a declarou justificada (Tiago 2:25).

É necessária a reflexão sobre precisarmos ser despertados na geração em que vivemos para fazer a diferença. Uma vez nascidos de novo, somos escolhidos para viver o propósito pelo qual fomos criados, ou seja, viver a plenitude de Deus em nossas vidas. Ouvir a voz de Cristo, o Salvador, é um convite para se lançar e fazer a Sua vontade. Ainda que o medo surja, Ele nos sustenta e guarda na caminhada. A voz do Pai convoca Seus filhos a realizarem aquilo que Ele tem preparado.

O Espírito Santo me trouxe à memória aquilo que traz esperança, lembrou-me de quem sou nEle. Desse modo, faça o seu melhor, seja a própria obra viva de Cristo em qualquer lugar que ocupe.

Que, a cada dia, a marca do Espírito Santo esteja estampada em você manifestando o caráter santo e amoroso! Que possamos ser cópias de Jesus na Terra, trazendo revelação de quem Deus é por meio da sua vida e, também, por meio daquilo que Ele fez em você.

Devemos ser intencionais, ter atitudes que sejam cheias do propósito de Deus. É importante que possamos reconhecer o nosso propósito em Cristo. Devemos, assim, orar ao Pai para que nos possa ser relevado tal propósito, assim como devemos orar para que Ele guie nossas vidas. É preciso entender que Deus não chama pessoas perfeitas para fazerem a sua obra, na verdade, chama pessoas simples, com falhas, como você e eu, que são capacitadas pelo Salvador para fazerem a diferença. E, agora, o que está esperando? Levante-se enquanto é dia. Precisamos realizar a obra daquele que nos enviou. "A noite se aproxima, quando ninguém pode trabalhar." (João 9:4).

A vida de Raabe foi um instrumento segundo o propósito que Deus colocou. Assim como Raabe foi chamada, Deus chama você. Tome sua posição. Seus pés determinam os lugares por onde andarás, porque obedecem aos comandos recebidos de Cristo, que, por vezes, não são favoráveis a você, mas são para a vontade do Pai, que é cuidado e acolhimento para aqueles que O chamam. Não se esqueça que seus pés são chamados de formosos. A Bíblia nos diz: "O quão formosos são sobre os montes, os pés do que anuncia as boas novas, que faz ouvir a paz do que anuncia o bem, que faz ouvir a salvação do que diz a Sião: o teu Deus reina." (Isaías 52:7).

Raabe fez sua escolha de fazer parte do plano de Deus, viveu a experiência ao ser usada para proteger espiões, no tempo em que o rei Jericó e os habitantes de suas terras estavam dominados pelo medo, por saberem que Israel marchava em sua direção a fim de conquistar a cidade. Essa mulher demonstrou coragem, superou medos, correu riscos e, sendo uma mulher de fé, tomou a atitude correta de receber aqueles homens em sua casa. Ela acreditou ser salva, não apenas ela, mas toda a sua família. Ela creu na palavra do Senhor sobre a sua vida.

Raabe creu e testemunhou a grandeza de Deus. Josué 2:10-11 diz:

> *Porque temos ouvido que o Senhor secou as águas do mar Vermelho diante de vós, quando saías do Egito, e o que fizestes aos dois reis amorreus, a Siom e Orgue, que estavam além do Jordão, os quais destruístes. O que ouviu, desfaleceu o nosso coração, e em ninguém mais há ânimo algum, por causa da vossa presença; porque o Senhor vosso Deus é Deus em cima nos céus e embaixo na terra.*

"Eu estou constantemente sendo transformada por meio de minhas experiências e encontros com Deus."

PRA. MARTA DUTRA

NATHÁLIA VIEIRA

Sou Nathália Vieira, serva do Senhor, filha de Alexandre e Aparecida, esposa de Jizreel e mãe do Kaleb. Sou apaixonada pelo meu ministério e pela minha família. Sou bacharel em Psicologia, pela Uniabeu; bacharel em Teologia e Psicologia pastoral, pelo ITG/PE; especialista em Terapia de Casal e Família, pela Universidade Cândido Mendes; especialista em Sexologia, Psicologia Clínica e Hospitalar, pela Faveni.

Também sou especialista em Psico-oncologia, Constelação Sistêmica Familiar e Psicossomática, pela Facuminas. Sou *coach* cristã, pelo IBCC; psicanalista clínica, pela Esflup (Escola Fluminense de Psicanálise); e juíza de paz, pela Unicaje, no Maranhão; além de capelã, pela CPO Brasil.

Recebi o prêmio *Top of Mind Brazil*, pelo Inbrap, como destaque na categoria melhor psicóloga da região de Nilópolis, no Rio de Janeiro. Sou escritora de três obras e idealizadora do projeto Mulheres Florescendo no Deserto.

nathalia_vieiraoficial

+55 (21) 96546-9535

Nathália Vieira

psicóloga_nathaliavieira@yahoo.com

21 Hadassa: A menina que floresceu

POR NATHÁLIA VIEIRA

Neste capítulo, receberemos vida através da palavra de Deus, por meio da reflexão sobre a vida da Hadassa, uma menina com uma história surpreendente de superação e obediência, com um testemunho inspirador. Ela se tornou uma das mulheres mais importantes da Bíblia, e sua trajetória de vida nos trouxe grandes aprendizados. Os desafios por ela enfrentados a transformaram em uma mulher resistente e com uma vida espiritual fervorosa, marcada por uma verdadeira confissão de caráter. Foi uma mulher exemplar em devoção, fé, coragem, sabedoria e humildade.

Hadassa, a menina que floresceu, nos faz lembrar de quando olhamos para uma flor e deparamo-nos com tamanha beleza, seu doce perfume, além da presença marcada pelo Criador, desde a semente até o momento em que ela desabrocha. Assim era ela. Sabemos que, como toda flor, ela passou pelas estações, enfrentou seus desafios internos, pois, enquanto sementes, precisando romper dia após dia para viver o tão esperado dia de florescer.

Vivemos em uma geração na qual desejamos o sucesso tal como o desabrochar de uma flor, porém o desejamos com pressa, seguimos em busca de atalhos para evitarmos os processos das dores e deixamos de orar com intenção o "seja feita a sua vontade, Senhor!". Listamos numerosas petições em prol de apenas florescer. O chamado de Hadassa se iniciou na sua identidade, pois, nela, foi revelado o que Deus faria em sua vida e por meio dela.

Hadassa era uma semente nas mãos do jardineiro Fiel, e eu vim lhe dizer que, independentemente do seu início, o que Deus lhe revelará não se compara com o que os seus olhos podem ver neste momento, pois há deserto, mas também há oásis. É bem provável que, em algum momento, você já tenha ouvido falar que deserto é lugar de passagem. Pois é, eu também já ouvi isso muitas vezes, até que, um certo dia, o Senhor falou comigo: "Eu não faço apenas do deserto um lugar de passagem, mas também planto no deserto. Planto sementes com a capacidade de florescer nesse ambiente em que muitos morrem." Oh! Aleluia!

Deus não depende de condições satisfatórias para revelar a Sua soberania, Ele é Deus, Ele é o jardineiro fiel que lhe garante dentro do ambiente em que o(a) plantou. Será que você não é uma flor do deserto? Você já pensou nisso?

Mas você pode estar se perguntando: então morrerei em meu deserto? Calma! Não se desespere, Deus me trouxe aqui para tranquilizar o seu coração e já lhe dizer que, nesse deserto, você não morre, mas, sim, floresce para a glória de Deus.

Hadassa é um nome de origem hebraica, que significa "murta" e simboliza proteção. Murta era um arbusto (planta) utilizado como símbolo de cobertura e abrigo para o povo hebreu. A murta é uma planta que nasce no deserto e, acredite, mesmo em solo infértil, ela tem a capacidade de não só se desenvolver enquanto semente, como de crescer, gerar e florescer. Hadassa não poderia ter nome melhor para a história que Deus já havia escrito para ela.

Temos a tendência de contar vitórias e ouvir muito mais acerca das conquistas da rainha Ester (Ester 2:17), do que os processos que a menina cativa Hadassa enfrentou ainda quando criança (Ester 2:7). Perceba que não existe florescer sem aprendermos com os desafios de crescer em um ambiente de aridez, infertilidade e, por que não dizer, de morte.

Quando penso na flor do deserto (murta), lembro-me de Hadassa, a menina judia e órfã, que foi criada por seu primo, sobrinho de seu pai, Mordecai, pois os seus pais havia sido mortos em uma grande perseguição. Agora, reflita comigo: a menina já nasceu em um período em que o povo judeu estava sob o domínio persa e, mais adiante, perdeu seus pais. Como consequência dessa orfandade, teve que seguir sob os cuidados de um primo, talvez sem qualquer experiência. Quando medito sobre a história de vida de Hadassa, vejo uma semente plantada no deserto, onde o ambiente é até de morte, mas quem a plantou garantiu vida em abundância. Hadassa é sinônimo de resiliência e resistência.

Menina cativa, territorialmente falando, mas cuja mente era livre para cumprir o seu chamado. Ela perdeu seus pais na Terra, mas nunca foi órfã no céu. Ela precisou se adaptar a novas rotinas que, provavelmente, por vezes, a fizeram sangrar em silêncio. Mas Deus havia extraído de suas dores remédio para ela e para outras pessoas. Por meio de seus processos, a menina cativa, a partir de então, seria usada para libertar o seu povo. Mesmo em sua orfandade, ela foi levantada em amor, com o desejo de proteger o seu povo, assim como uma mãe faz aos seus filhos.

Adaptar-se ao deserto só habilitou a menina a se tornar rainha em um ambiente que tinha tudo para matá-la fisicamente, espiritualmente e psicologicamente. Deus é especialista em usar as nossas dores para nos tornar agentes de cura. Você sabia que nada se perde na flor do deserto? Suas folhas, quando são amassadas, exalam uma doce fragrância e, além de serem usadas na ornamentação, servem como proteção em ambientes.

Dessa planta, podemos extrair óleos essenciais para fins medicinais e, o mais interessante, suas sementes são plantadas sozinhas em um processo solitário. Da mesma forma, quando chega o dia de florescer, apenas um botão da flor se abre sozinho. Depois que ele desabrochar, levará outros botões para desabrocharem também.

Ao estudar a botânica desse arbusto, deparei-me com algo muito interessante: suas raízes são profundas e, quanto mais elas descem, mais se tornam resistentes para romper o solo. Foi nessa profundidade que ela desenvolveu uma espécie de reservatório de água, para que, nos dias mais difíceis de aridez, com a falta das chuvas, ela consiga se nutrir, manter-se viva e, ainda, matar a sede de quem a encontra no caminho.

Acerca do deserto, encontramos relatos de experientes viajantes, que estão acostumados com as travessias na aridez e relatam que, quando, porventura, já não possuem águas em seus cantis, basta encontrar uma murta, a flor do deserto, que ali terão uma fonte de água. Entenda que o que Deus fará em sua vida irá transbordar na vida de outras pessoas.

Talvez, hoje, você esteja vivendo ainda na fase do processo, mas creia que o Senhor me trouxe aqui, por meio desta escrita, para lhe dizer que Ele continua no controle de tudo. Ele é o dono da semente e dono do deserto. Nada foge dos planos do Senhor, e posso lhe garantir que todas as coisas cooperam para o bem daqueles que amam a Deus.

Hadassa, antes de assumir e administrar o grande império persa, precisou administrar a si mesma, bem como suas emoções e seus desertos, pois não adianta querer viver o tempo da promessa, se não aceitarmos os desafios do processo como forma de Deus nos moldar, a fim de habilitar em nós a capacidade de romper com o cenário de dor e escassez, para vivermos o tempo de cura, provisão e vida. Hadassa foi promovida em seu deserto, e Deus lhe entregou uma nova identidade.

O Senhor a estava tirando do anonimato do deserto, para fazê-la estrela (Ester) rainha em um oásis. E o mais lindo de se ver é perceber que ela manteve a sua essência, os seus ensinamentos e os seus princípios dentro e fora do deserto. Hadassa (Ester) alcançou o favor do rei e se fez rainha. Ei! Quem é escolhida no céu, vive o sobrenatural de Deus na Terra e não há quem revogue isso?

Ester se posicionou e assumiu uma nova identidade: passou de cativa a rainha. Deus a levantou para salvar o seu povo que estava sob um decreto de morte. Ah! Se você pudesse contemplar o que Deus fará por meio de você, menina!... O que veio sobre você não é para a morte, mas para a glória do Senhor. Existe um povo que será alcançado por meio das suas orações, do seu jejum e da sua obediência. Existem pessoas aguardando a sua promoção nesse deserto, para receberem vida por meio da palavra e da sua história.

Deus é fiel e rico em cada detalhe, para não haver dúvidas sobre o seu poder. Assim, quando Hadassa precisou adotar uma nova identidade, então de origem persa, o seu significado continuou seguindo o seu propósito desde o início, pois Ester significa "estrela" e é exatamente o formato da flor murta. Entenda que, quando Deus fizer na sua vida, não haverá dúvidas de que Ele é Deus. Ester brilhou, mas brilhou no deserto: floresceu como a flor no deserto. Em 1 Coríntios 2:9, diz-se que: "Olho não viu, ouvido não ouviu, mente nenhuma imaginou o que Deus preparou para aqueles que o amam".

Desde a minha conversão, aos 15 anos de idade, o Senhor me fez observar a história de vida dessa menina e, ao me inspirar no testemunho dela, pude perceber o quanto somos parecidas. Vim de um lar espírita (umbanda e candomblé) com costumes e culturas diferentes de um lar cristão. Sentia-me uma órfã, espiritualmente falando, quando via minhas amigas com suas famílias na presença do Senhor.

Após aceitar Jesus, passei por grandes desertos, até que Ele me forjou em sabedoria, resistência e resiliência, para compreender que precisava crescer com as minhas dores, para viver o meu chamado. De um lado, a minha avó, mãe de santo, que não me aceitava na igreja e, do outro lado, a igreja, que não me acolhia, afinal, a identidade que eles haviam me dado era a de "neta da macumbeira". Que processo, viu! Mas compreendi que Deus me fez flor do deserto e que nada seria capaz de matar em mim o meu chamado.

Não foi fácil, mas havia um propósito muito maior do que as minhas dores. Ah, o meu testemunho não caberia apenas em um livro, pois O vejo todos os dias e, a cada dia, escrevo uma nova história. Resumindo, aquela moça alcançou o favor do Rei e Ele completou a obra em mim. Deus salvou a minha casa por meio do meu posicionamento, e o decreto de morte foi cancelado. Deu-me um casamento, um filho do céu e, por meio do meu testemunho, o Senhor me deu o projeto "Mulheres Florescendo no Deserto", que visa a ajudar mulheres a florescerem em seus desertos.

Ame a Deus acima de todas as coisas, abrace o seu processo com propósito e viverá o que ninguém viveu. Entenda que, na área em que você mais foi atingida, Deus a usará para romper e quebrar decretos de mortes. O processo não lhe mata, mas, sim, a habilita para gerar vida e florescer para a glória de Deus. Ei, menina! Deus a chamou para florescer.

"

Você foi chamada
para sobreviver
em ambientes que
muitos morrem com o
propósito de florescer,
gerar vidas e quebrar
decretos de morte.

"

NATHÁLIA VIEIRA

Nathalya Maciel

Sou Nathalya Maciel, natural de São Luís, Maranhão, resido em Minas Gerais, onde sirvo como pastora na Assembleia de Deus Voz Profética, com o meu esposo. Sou mentora no clube Mulheres de Influência, escritora e idealizadora do projeto Clínica da Alma, que vem curando a alma e dando destino desde 2020 e que nasceu de uma depressão vivida por mim durante 4 anos.

Mais de 5 mil pessoas já foram alcançadas e libertadas da depressão. Hoje, a Clínica da Alma está em 6 estados e em 2 cidades, e meu objetivo é ativar o máximo de pessoas para viverem o seu propósito. Também sou CEO da Desenvolve Agência, onde desenvolvo pessoas para exercerem o seu chamado com excelência. Muitos ministérios já frutificaram em prol do reino de Deus.

pranathalyamaciel

+55 (37) 99925-3067

desenvolveagencia22@gmail.com

Nathalya Maciel

22 A turbulência de uma promessa

POR NATHALYA MACIEL

Ao longo da história, muitas pessoas tiveram que enfrentar as turbulências da vida para chegarem ao tão sonhado destino. E a maioria delas se deu conta de que seria necessário passar por esse desafio, pois, quando se trata de chegar ao destino, não se tem muito o que fazer, a não ser enfrentar a turbulência. Esse é um exemplo claro que pode ser encaixado perfeitamente na vida daqueles que querem chegar à promessa. Não existem atalhos, não há artifícios e não há ajuda de terceiros. É você quem precisa suportar os processos e o tempo da espera para chegar ao lugar da promessa.

Você está preparado(a)? Por meio deste capítulo, você embarcará na maior jornada de toda a sua vida. Afivele os cintos e vamos juntos descobrir o que acontece depois da turbulência. Ficarei esperando, com plena confiança, uma mudança em todas as áreas da sua vida, porque você experimentará um reavivamento que sacudirá o seu mundo. Chegou o tempo de você viver o profético.

Aconteceu em 2 de abril de 2011, em um sábado nublado. Era o dia do meu aniversário de 17 anos e, como era de costume, todo ano, eu esperava ser surpreendida e ficava ansiosa para celebrar mais um ano de vida. Mas, naquele dia, fui surpreendida de uma maneira diferente. Recebi a visita inesperada de uma missionária, e a visita dela, naquela data, tinha um propósito: ela viera me entregar um recado de Deus e disse: "Em umas dessas madrugadas de oração, o Senhor me revelou algo para ser entregue no dia do seu aniversário e que será a base dos seus próximos anos. Assim lhe diz o Senhor: "Você será como José na Terra. Você será vendida, rejeitada e zombarão dos seus sonhos, mas tudo isso será necessário para fazê-la entrar no lugar de governo;

o Senhor a levantará no meio dos seus e, por meio de você, virá livramento e provisão."

Então, ela me deu um abraço e me entregou um livro de presente. Peguei o livro, assustada, e falei: "Amém!", sem entender o que significava tudo o que ela havia me dito. Passados alguns dias, fiquei curiosa para conhecer mais sobre a história de José. Foi quando passei a ler sobre e, com o passar dos anos, tudo se encaixou com aquilo que Deus havia falado comigo. Havia chegado a hora!

Proponho embarcarmos na história emocionante de um jovem que foi de escravo a governador.

1. A turbulência de ser amado

José tinha o amor do seu pai, pois era o filho da sua velhice (Gênesis 37:3). O ódio no coração dos irmãos se deu por conta do amor que o pai sentia por ele. E que culpa José tinha de ser amado? Que culpa ele tinha de receber uma túnica? Nenhuma culpa. O que vemos, no início desta história, é que, independentemente de como os irmãos agem, José continua mantendo o coração puro e tratando-os da mesma forma.

Pegue esta chave: você não tem culpa das benções que foram derramadas sobre você; se o inimigo tentou manipular a situação fazendo você se questionar a ponto de se sentir culpado, quero lembrá-lo de que foi Deus quem o(a) escolheu, predestinou você e o(a) amou, antes da fundação do mundo. Todo sentimento de culpa está caindo agora. O descontentamento daqueles que não aceitam o que o Pai tem com eles não irá impedir a promessa de ser cumprida.

2. A turbulência de um sonho

José teve um sonho (Gênesis 37:5) e, pelo seu contexto, podemos entender que não era algo natural de acontecer, estava claro que havia sido o Senhor quem o fizera sonhar com o que aconteceria na sua trajetória. Isso explica o porquê de a nossa mente não conseguir sonhar sonhos que somente Deus pode revelar e, quando contamos as coisas que o céu revela, isso causa um choque em pessoas que nunca receberam uma visão de Deus.

O fato de José ter contado acendeu ainda mais o ódio no coração dos seus irmãos, e foi isso que o empurrou para começar a viver o cumprimento daquilo que Deus o fez sonhar.

Você consegue perceber que, mesmo com toda a turbulência na casa de José, nada o impediu de continuar para o cumprimento da promessa? Sabe por quê? Porque aquilo que Deus o fez ver não tinha como "desver".

Pegue esta chave: nem a turbulência nem aqueles que o(a) cercam arrancarão de você a visão que Deus lhe fez ver. Libere essa palavra agora e diga: "aquilo que Deus me fez ver ninguém arranca de mim". Uau!

3. A turbulência de ser rejeitado

A rejeição acontece quando as pessoas que não entendem de sonhos ficam sabendo daquilo que o Pai revela ao coração de quem Ele levantará na Terra. Essas pessoas simplesmente rejeitam isso por não entenderem, e essa foi uma das piores turbulência pelas quais passei em minha vida e, até há pouco tempo, eu me questionava sobre o porquê de sofrer com tamanha rejeição de pessoas que sempre amei.

Foi em uma noite de sábado, no monte, em São Luís, Maranhão, que ouvi Deus respondendo a minha pergunta de tantos anos, na boca de um profeta. Naquela noite, ele transmitiu o seguinte recado de Deus: "Você tem se perguntado o porquê de eles o(a) rejeitarem? Assim lhe diz o Senhor: "Não é por você, e sim por aquilo que você carrega. Eles nunca vão conseguir chegar à altura daquilo que Deus lhe confiou, e é por isso que é mais fácil eles o(a) rejeitarem."

Foi isso que aconteceu na vida de José, os irmãos o rejeitaram porque estavam diante de alguém que carregava algo grandioso de Deus. E tudo aquilo que a terra não consegue discernir, ela acaba rejeitando.

Pegue esta chave: a visão que o Senhor lhe entregou é inédita. Ele não entregou a mais ninguém. Então, não tenha medo de quem o(a) rejeita, não é sobre você, e sim sobre o que carrega.

4. A turbulência de ser traído

Toda traição é tramada antes e por trás. Quantas reuniões são feitas contra aqueles que Deus levanta? E não são por aqueles que estão longe, e sim por aqueles que estão perto. Eles se reúnem entre si, e cada um expõe um tipo de vingança, a fim de parar quem Deus levantou. Alguns querem apenas ver longe, mas outros querem mesmo matar essa pessoa. Eles ultrapassam o limite por estarem cegos pela inveja e pelo orgulho. Se aquilo que José carregava não tivesse o propósito de Deus, ele teria sido morto.

Porém, quando se trata de Deus começar a cumprir aquilo que designou, os inimigos vão até onde Ele permite para moldar aquele que entrará no lugar da promessa.

Pegue esta chave: se você está com este livro nas mãos lendo este capítulo, é porque o próprio Espírito Santo o(a) conduziu até aqui para lhe dizer: "A traição daqueles que o(a) odeiam não será suficiente para paralisá-lo(a) ou matá-lo(a), pois você está escondido(a) em Deus, e os que tramaram contra a sua vida não obtiveram êxito, porque você não estava sobre o domínio das vontades deles, sempre esteve debaixo da palavra de Deus, e foi essa palavra que o(a) guiou até aqui.

Sinto o Pai falando para você agora: "Sei, meu(minha) filho(a), que muitas vezes você achou que Eu o(a) tinha abandonado, mas você precisava passar por todas as etapas necessárias, a fim de ser moldado(a) para entrar no lugar em que, acima de você, só existe o meu Nome. Sempre estive com você e o(a) estou conduzindo ao lugar da promessa.

5. A turbulência de ser vendido

Quando José foi vendido, automaticamente ele se tornou escravo; aquele que um dia foi livre, então era escravo. Ser escravo é estar na mão do inimigo e se submeter a suas vontades, mas a visão estava dentro de José, nem a escravidão poderia torná-lo escravo.

Pegue esta chave: quando a visão de Deus é revelada ao coração daquele(a) que Ele levantará para governar, até o pior cenário se submete, a fim de honrar o(a) escolhido(a) de Deus. Nem cenários, nem pessoas, nem situações irão parar você, porque tudo o que era para ser ruim na sua vida se transformou em oportunidade para você ser promovido(a) ao cargo de grande escalão.

6. A turbulência de ser injustiçado

José foi um jovem competente e íntegro. Ao ser tentado pela esposa de Potifar, ele se manteve forte e não cedeu aos desejos dela, mas, mesmo assim, foi preso injustamente pela calúnia da mulher. Às vezes, pagaremos um alto preço para mantermos a nossa integridade cristã num mundo onde o sistema é dominado pelo maligno. Porém, Deus está conosco, assim como esteve com José.

O escolhido de Deus acabou sendo solto e livre de toda acusação, graças ao dom que o Senhor lhe deu para interpretar sonhos. Perceba que foi graças ao dom que Deus deu a José que ele saiu da prisão. Isso significa que a chave é usar o dom, e usar o dom é se permitir ser um instrumento nas mãos de Deus.

Não há possibilidade alguma de você usar o dom e ser instrumento nas mãos de Deus sem antes descobrir o seu propósito. E você só descobre o seu propósito conhecendo ao Senhor e tendo uma vida de intimidade com Ele.

7. A turbulência da espera

Em Gênesis 42:21, os irmãos de José confessaram o mal que lhe haviam feito 20 anos após vender o irmão como escravo. A espera foi um dos pilares essenciais para o cumprimento da promessa. Se você quer ver as promessas sendo cumprida, terá que aprender a esperar. Você não está esperando daqueles que nada podem fazer, está esperando dAquele que lhe fez a promessa. Daqui a alguns meses, a profecia entregue no dia do meu aniversário de 17 anos completará 13 anos. Só me arrependo de uma coisa: de não ter confiado mais no Senhor, de não ter descansado mais, pois tudo se cumpriu. E sei que é apenas o começo. Hoje, confio plenamente na vontade de Deus porque ninguém me oprime (risos).

O que acontece após vencer a turbulência?

Finalmente, você chega ao destino. Em Gênesis 45:7, diz-se: "Pelo que Deus me enviou adiante de vós, para conservar vossa sucessão na terra, e para guardar-vos em vida por um grande livramento." José entendeu que não foram os irmãos, mas, sim, Deus quem permitiu que ele passasse por turbulências, a fim de prepará-lo para governar todo o Egito.

Aqui fica uma reflexão: você quer viver o seu propósito? Então chegou a hora de se submeter à vontade de Deus, pois você é o(a) próximo(a) para ser colocado(a) em lugares onde, por meio de você, virão livramento e provisão.

Desafio: execute a tarefa contando seu testemunho em um *post* e use a *hashtag* #euvenciaturbulencia. E não se esqueça de me mencionar, usando @pranathalyamaciel no seu testemunho, para que eu possa glorificar a Deus com você, sobre as bençãos que Ele fez na sua vida.

Vamos! Bora! Um "xero"! Eu amo vocês!

"A visão sustenta
o propósito,
o propósito
cumpre a visão."

Nathalya Maciel

Nytheska Alves

Olá, querido leitor! Eu me chamo Nytheska Alves. Sou casada há 14 anos com meu amor, Pr. Tiago Alves, mãe de 2 princesas: Ester Alves e Acsa Raabe, que são minhas heranças. Sou uma mulher cheia de sonhos e uma pessoa tímida, embora não pareça (risos). Sou idealizadora do "Aviva Débora" (conferência de mulheres), para ativar ministérios femininos. Sou uma improvável, no meio de uma multidão, em quem Deus decidiu investir.

Estou convicta de que Deus abrirá uma janelinha em sua mente e, ao ler esta história, você conseguirá se enxergar por um outro ângulo. Neste momento, você será ministrada pelo Espírito Santo. Convido você a abrir seu coração e a embarcar junto comigo nesta linda história.

nytheska

Nytheska Alves

23 A menina sem nome

POR NYTHESKA ALVES

Desde os tempos mais remotos, o nome de alguém retrata a importância, o valor, a influência, o prestígio, a autoridade e a responsabilidade da pessoa. Para os povos primitivos, o nome não era apenas o que distinguia uma pessoa da outra, mas também uma parte essencial dela própria. A Bíblia mostra que o nome das pessoas é aquilo que elas são.

Resta salientar que a menina sem nome não possuía os recursos ou a posição social que eram considerados importantes para o homem. No entanto, a sua história mostra que, mesmo sem ter os recursos materiais ou o prestígio social, ela tinha algo valioso a oferecer: tinha compaixão, empatia e uma fé inabalável em Deus.

A Bíblia não cita o nome da menina, mas mostra o nome do homem. Estou convicta de que uma chave vai girar dentro de você ao ler cada página desta história, poque, às vezes, pensamos que, para sermos usados por Deus, precisamos ter um nome conhecido, ou estar em um cargo de destaque. No fundo, sabemos que isso não passa de uma mentira do diabo, que usa essas investidas para nos impedir de cumprir nosso propósito. Deus não precisa do seu nome para cumprir o propósito dEle em sua vida, o que ele quer de você é obediência e disposição para exercer o chamado que ele tem para você.

A palavra de Deus diz lá em 2 Reis 5:1-2:

> *Que Naamã era o comandante do exército do rei da Síria, era muito respeitado e honrado pelo seu senhor, pois, por meio dele, o Senhor dera vitória à Síria. Mas esse grande guerreiro ficou leproso. Ora, tropas da Síria haviam atacado Israel e levado cativa uma menina, que passou a servir à mulher de Naamã.*

Perceba que o nome de Naamã é citado, observe que o cargo dele também estava em evidência. Durante uma invasão síria, uma menina israelita foi levada cativa. Ela foi capturada para servir na casa de Naamã e tem muito a nos ensinar por meio de sua experiência. Com certeza, ela tinha seus sonhos e projetos, que foram adiados ou interrompidos quando foi levada como escrava. A menina sem nome foi levada como prisioneira de guerra, o que deve ter sido uma experiência triste e traumática.

Seria compreensível se ela se enchesse de revolta. Ao tomar conhecimento da doença de Naamã, poderia até encarar aquilo como um castigo de Deus e se sentir vingada, mas, pelo contrário, importou-se com a dor daquele homem e tentou ajudá-lo. O propósito dela estava apenas começando, o Senhor tinha escolhido a vida daquela menina para trazer vida à casa, mostrando para ela que, independentemente do lugar, ela seria usada como instrumento de cura.

Deus mostrou para ela as feridas que alguém carregava e que muitos não notavam. Mostrou para ela que aquele homem tão forte que muitos viam tinha marcas e dores que ninguém enxergava. Embora ela também tivesse feridas e machucados, conseguiu enxergar a alma dele, deixando de lado as suas dores para servir alguém que aparentemente era muito mais forte, mas, para si mesmo, era fraco.

Ela poderia ter se revoltado e, de certo modo, ficado decepcionada com Deus. Porém sua fé não estava baseada em situações, e sim em princípios. Mesmo trabalhando como escrava, sua fé no Deus de Israel permanecia inabalável. Aquele cenário que ela estava vivendo não lhe arrancou seus princípios, não lhe arrancou sua fé e não lhe arrancou sua comunhão. O cenário não vem para mudar você, ele vem para relevar quem você é em Deus.

Aquela menina anônima não ficou revoltada com Deus por tê-la tirado do seio de sua família e permitido que ela fosse escrava num país pagão. Ela havia sido levada à casa de Naamã para ser criada da esposa dele, mas, chegando lá, Deus a usou como um instrumento de cura. Parecia que a menina era educada, esforçada e inteligente, tentava agradar sua senhora e não fazia as coisas de qualquer jeito.

Essa menina tinha muitos motivos para odiar Naamã. Aliás, não tinha sido ele o general que comandara o exército sírio contra sua nação? Porém, quando viu a tristeza na casa por causa da doença de Naamã, não hesitou em falar para a esposa dele que conhecia alguém que podia curá-lo. Ela soube perdoar e superar o ódio e quis ajudar de verdade.

É impressionante como a esposa prestou atenção na palavra de sua criada, pois via algo diferente na menina. Deus coloca pessoas específicas em lugares estratégicos. A menina tinha tudo para não ser ouvida, mas a esposa de Naamã a ouviu, creu em suas palavras; e ele também, Naamã, acreditou. A menina não teve medo de testemunhar sua fé em Deus, quando ela disse à sua senhora: "Se o meu Senhor procurasse o profeta que está em Samaria, Ele o curaria da lepra."

Chegou o tempo de Deus na vida dela. Ele destacaria a garotinha dentro daquele cenário e estava fazendo a menina ser incluída na história. Ela se posicionou, ela se levantou e ela decidiu fazer a diferença. Ao tomar uma posição, o Senhor a destacou dentro da casa de alguém muito importante, pois já tinha traçado o futuro dela. Ela não dependia de cenário, ela dependia de Deus. Embora seu nome não tenha sido revelado, sua história ficou registrada.

Deus está lhe convidando para fazer história. Ele vai levantá-lo em cenários desfavoráveis, para mostrar que você não depende de cenário, e sim dEle. A menina anônima decidiu viver o processo para descobrir o propósito, e o comportamento dela naquela situação apontou para seu propósito.

Essa crise está fazendo você caminhar para seu propósito. Essa dor está conduzindo você para viver o seu chamado. Você não será limitada pela situação, pelo contrário, Deus usará a situação para promovê-la dentro do cenário de dores. O propósito de Deus na vida dela não seria arruinado, o Senhor a usaria naquele lugar ou em qualquer outro, porque o cenário não move as pessoas, as pessoas é que movem o cenário. E, quando decidimos nos mover, mudamos a visão em relação ao que estamos vendo.

Deus tinha um propósito: a chegada dela naquela terra. Ele não iria permitir que fosse levada, se não tivesse um plano para ela ali. Ela tinha uma chave em suas mãos que precisava ser entregue. Fico me perguntando: que chave era essa? A cura de um homem muito importante estava nas mãos daquela menina. Existem pessoas complicadas, com as quais é difícil conviver. Mas, talvez, essas pessoas tenham passado por maus bocados. Isso não justifica, mas explica. Quando procuramos ver as coisas por esse lado, fica mais fácil amar essas pessoas e tentar ajudá-las.

Naamã era um homem muito difícil. Guerreiro, vivia em meio à violência e aos conflitos. Orgulhoso, em vez de procurar o profeta, procurou o rei. Aparentemente, olhando a história, vemos um homem que gostava de "causar", intimidar e ser o centro das atenções. Quando Naamã chegou a Samaria dizendo que queria ser curado, o rei de Israel ficou desesperado. Naqueles dias, os sírios oprimiam os israelitas e tinham um exército mais poderoso. O rei de Israel acreditou que eles estavam apenas buscando um pretexto para declarar guerra à nação. Ele não acreditou na sinceridade de Naamã assim como não acreditou que Deus poderia realizar o milagre pretendido.

A fé que Deus não encontrou no coração daquele rei Ele encontrou no coração da menina. Quando Deus olha para o seu coração, o que Ele encontra? O rei ficou desesperado quando viu as cartas e, simplesmente, não confiou o bastante, deixando-se abalar com a notícia de Naamã. Quando confiamos em Deus plenamente, não nos abalamos facilmente, pois sabemos da sua fidelidade.

O profeta Eliseu soube do que havia acontecido e mandou dizer ao rei: "Por que o senhor está tão preocupado? Mande que esse homem venha falar comigo, e eu mostrarei a ele que há um profeta em Israel." (2 Reis 5:8)

A Bíblia diz que: "Deus resiste aos soberbos, mas dá graça aos humildes." (Tiago 4:6). Quando Naamã chegou à porta da casa de Eliseu, acompanhado de seus servos e de sinais da sua riqueza, o profeta nem saiu à porta para recebê-lo. Apenas lhe disse para se banhar 7 vezes no rio Jordão. O general ficou enfurecido, quase perdeu a bênção. Mas Deus estava tratando do seu orgulho, pois a doença que ele tinha em sua alma era pior do que as feridas que ele carregava em seu corpo. Naamã precisava ser moldado e aquebrantado. E foi isso que aconteceu.

Muitas pessoas enfrentam grandes batalhas por conta do seu orgulho ferido. Deus resiste aos soberbos. Por vezes, ele permite algumas situações, a fim de nos moldar. A lepra, naquela época, era uma doença incurável, e todos tinham ciência disso. O que Naamã buscava era uma coisa impossível. Porém, o Senhor opera o impossível. Ao sair do rio Jordão, o general sírio estava completamente curado. Estava também convertido: ele procurou Eliseu e disse que reconhecia que apenas o Deus de Israel era o Deus verdadeiro.

Podemos não entender completamente o motivo ou o propósito de estarmos em determinados lugares, mas podemos confiar que Deus está trabalhando em nossas vidas, usando-nos como parte de Seu plano maior. Às vezes, Deus nos leva para determinados cenários, a fim de nos fazer crescer. Foi o que aconteceu com a escrava: Deus tinha um propósito com ela dentro daquela situação.

Deus tem propósito com você dentro deste caos, Ele quer fortalecê-lo por meio dessa situação. A dor não vai matá-lo, pelo contrário, está deixando você mais forte. Só vive o propósito quem aguenta o processo. Quando enxergamos propósito na dor, saímos mais fortes.

Transformar crises em testemunho é possível. Você só precisa aprender o caminho e obedecer. Lembre-se de que sempre podemos escolher sair de cada situação melhores. Qeu, desta, você saia mais maduro, experiente, fortalecido e, consequentemente, preparado para patamares superiores. Deus sempre terá um caminho de cura e de restauração. "Farei cicatrizar o seu ferimento e curarei as suas feridas", diz o Senhor. Melhor é o fim das coisas do que o início delas.

Não sabemos como a menina israelita foi tratada após a volta de Naamã para casa. Talvez ela tenha sido liberta, talvez tenha sido adotada como filha. É bastante razoável supor que Naamã tenha mostrado gratidão por sua atitude, mas o mais importante foi que ela cumpriu a vontade de Deus dentro daquele cenário. Deus vai usar essa situação para promover o Seu chamado.

"

Quando
enxergamos
propósito na dor,
saímos mais fortes.

"

NYTHESKA ALVES

PATRÍCIA SALGADO

Minhas amadas amigas e irmãs em Cristo Jesus, é com muita alegria e gratidão que me coloco diante de vocês hoje para compartilhar um pouco da minha jornada como pastora e escritora.

Meu nome é Patrícia Salgado e me sinto verdadeiramente honrada por ter a oportunidade de servir e inspirar outras pessoas por meio do meu ministério e dos meus escritos. Tenho 38 anos, sou casada com o Pr. Cláudio Adalberto Salgado e mãe de três meninos.

Tenho desenvolvido devocionais que já alcançaram milhares de pessoas em minhas redes sociais e nos grupos de WhatsApp e Telegram. Minha oração é para que, por meio do meu ministério, eu possa promover um impacto positivo na vida daqueles a quem tenho o privilégio de servir.

Obrigada por me permitirem compartilhar um vislumbre da minha jornada como pastora e escritora. Que as bênçãos de Deus estejam sobre todas vocês.

pastorapatriciasalgado

+55 (65) 99337-8815

24 Mude de ambiente ou morra cego

POR PATRÍCIA SALGADO

Despedidas doem, recomeços curam! Temos dificuldades de deixar ir, desligar-nos e recomeçar. Por que sofremos tanto ao encerrar algo? Por que nos acomodamos? Por que nos iludimos? Por que não reconhecemos as mudanças? Talvez seja essa a razão pela qual tenho mais certeza que não reconhecemos as mudanças. Acomodamo-nos e nos iludimos ao acreditar que tudo será para sempre, porém não nos atentamos às mudanças que inevitavelmente ocorrem. Que bom que elas existem! Quem você seria hoje se tivesse parado no tempo?

Por mais que não gostemos, ora estamos nos montes, ora nos vales, e nós viveremos ciclos que têm início, meio e fim. No propósito de Deus, está a promessa e o cumprimento dela e, no intermediário, ou seja, no durante, está o processo, um espaço de tempo, no qual viveremos muitos ciclos, que chamo de conexões.

É normal sentirmos tristeza, insegurança ou medo por ter que deixar ir e por decidir não querer mais algo na nossa vida que antes fazia muito sentido. Ló foi importante na vida de Abrão, da mesma forma como Abrão foi importante na história de Ló, entretanto, essa conexão estava ligada a uma alma dependente emocionalmente, porque havia uma codependência entre ambos.

Não será possível vivermos ciclos novos carregando bagagens velhas. Às vezes, será necessário deixar tudo para trás, mas sair vivo. E, quando houver uma insistência da nossa parte em nos mantermos conectados com pessoas e lugares que não fazem parte do propósito de Deus para nós, chegará o tempo em que o céu decidirá encerrar isso, porque sabe que, se deixar por nossa conta, arrastaremos tudo por anos a fio e, muitas vezes, não entenderemos o porquê de confusões, brigas, intrigas, invejas, falsidades e quebra de alianças.

Ouve uma contenda entre os pastores de Ló e Abraão pela permissividade de Deus para encerrar aquela conexão. Nesse novo nível em que você entrará, só vai lhe acompanhar quem está preparado e apto. Ló não estava pronto para o novo nível que Deus tinha para Abraão. E nós não temos que ficar procurando culpados porque acabou. Não acabou porque somos ruins, acabou porque tinha que acabar.

A gente guarda o que foi bom, o que foi ruim, tiramos de lição e seguimos. Você precisa entender que, todas as vezes que amadurecer, você vai perder. Perder faz parte do processo para alcançar o propósito. A Bíblia diz: "Porque aquele que quiser salvar a sua vida, perdê-la-á, e quem perder a sua vida por amor de mim, achá-la-á." (Mateus 16:25).

É por essa razão que quem amadurece perde. Foi bom ter amadurecido, mas perdi sapatos e roupas, simples assim. Não tenha medo de sair, não tenha medo de perder, o Senhor diz que Ele guardará a nossa saída. Muitas vezes, estamos apegados às entradas, mas Deus também está na saída. Ele nos abençoa para sair. Em Marcos 8:22, Jesus cura um cego, mas, primeiro, Ele o tira de Betsaida. Jesus o toma pela mão, leva-o ele para fora da aldeia e lhe entrega dois recados:

> *"Não volte para aldeia e não conte nada para ninguém. Certos ambientes não devem ser mais frequentados por quem já foi curado, tem certos lugares que não servem mais para quem teve a visão restaurada, que dirá ficar contando para A, B ou C. O que é que Jesus realizou, são eles que vão perceber e ver através do milagre que Jesus fez, sem você precisar dizer nada. Mude de ambiente ou morra cego! fecha a matraca, fecha a boca! Ou você colocará a perder tudo o que Jesus fez. Não volte lá nunca mais!"*

Permita que Jesus a tire dessa aldeia, para que seja curada. Permita que Jesus a pegue pela mão e que tire você para curá-la. Ele sabe que você não consegue sair sozinha, mas hoje ele a pega pela mão. Tem que se despedir, se desligar e encerrar o capítulo. Não devemos deixar escondidas questões, sentimentos, traumas e nostalgias dentro de nós. Isso é como se fosse um monte de luzes acesas que só está gastando energia onde não deve, e acaba faltando onde é necessário. Onde está o interruptor para desligar essas luzes?

Existem situações em que você não quer aceitar o fim, mas já acabou e só está existindo para você. Por que não acaba? Porque você insiste em se manter conectado, com luzes e portas abertas. Mas, se você conseguir tirar os seus olhos dessa dor, dessa tristeza e dessa perda, conseguirá enxergar as poderosas lições que Deus quer que aprenda ao passar por essas adversidades.

Noemi precisou deixar a Orfa ir. E não tinha essa de culpar a Orfa, ela sabia que não estava preparada emocionalmente para seguir com Rute. Por sua vez, Rute tinha maturidade emocional. A Orfa estava conectada à Noemi apenas quando ela tinha marido, assim como tem gente que só vai estar com você enquanto tiver benefícios. Ao contrário de Rute, que não estava ligada apenas ao marido e ao filho de Noemi, estava conectada com o Deus dela.

A Orfa não foi ruim, na verdade, ela foi muito honesta, pois não estava pronta para seguir com Rute. Ela perdeu por não ter acompanhado Noemi e Rute? Talvez. Porém ela foi honesta. Algumas conexões não se encerram, muitas vezes, porque não somos honestas conosco.

Talvez ela quisesse até ficar de início, mas, logo, pesou na balança e viu que não iria dar conta emocionalmente de sair da sua cidade e de largar seu povo para trás. Ela preferiu beijar Noemi, dar tchau para Rute e ir embora, mas ir com carta branca. Deixe que pessoas se despeçam de sua vida. Às vezes, por não perdoarmos e não entendermos, nós seguramos pessoas. Logo, quem morrerá somos nós mesmos, porque estamos arrastando sobre os ombros quem já deveria ter partido. Se quer ficar, tudo bem, mas, se não, beijo e tchau!

As mulheres da narrativa bíblica moravam na mesma casa, eram da mesma terra, tinham os maridos do mesmo pai e da mesma mãe, mas cada uma estava num nível diferente, e está tudo bem. Orfa chorou, porque gostava, sim, de Noemi e de Rute, só que não estava pronta. Preferiu ser honesta com ela mesma e com as outras. Respeite a decisão de quem não quer ficar. Imagine se a Orfa fosse despreparada. No meio do caminho, seria mais um trabalho para Noemi. Iria viver uma vida de fingimento, infelicidade e seria um peso na história das outras duas.

Encerrem seus relacionamentos com verdades, ainda que lhe doa, ainda que chore, porque não adianta alguém ficar com você não querendo ficar. Não vai dar certo! É como uma corda de duas pontas com cada um puxando para um lado. Quer saber? Beije-me e vá embora. Prefiro o beijo de Orfa, que beija e vai embora, do que o beijo de Judas, que fica comigo e me beija para trair. Em nome de Jesus, libere, dê carta branca, deixe ir debaixo da benção, como Noemi abençoou Orfa.

Tem gente que não sabe sair debaixo da benção, que não sabe encerrar um ciclo na benção e fica inventando desculpas. E não sai de debaixo da benção por quê? Porque quer encerrar com mentira, falsidade e deslealdade. Isso não vai terminar bem. Encerre suas conexões com verdade. Deixe ir! Não tem essa de não soltar a corda. Solte sim!

Se estiver doendo, solte. Se estiver machucando, solte. Se estiver sangrando, solte. A conveniência trouxe muitas pessoas para perto na velocidade da luz e, pela mesma razão, essas pessoas a deixarão num piscar de olhos. Portanto, não será o fim. Há pessoas que são apenas conexões e não pontos finais. Abraão estava com Ló, mas Ló não estava com Abraão.

Às vezes, ouço nos aeroportos uma voz baixa dizer: "Qual é o seu destino final?". Isso acontece com uma frequência na minha vida espiritual, como se o Espírito Santo me recobrasse a consciência depois de um baque ou decepção, enfim, para me lembrar de que aquilo é apenas uma conexão, ainda não é o destino final.

Algumas vezes, você vai perder a nova conexão olhando para o portão, porque está distraído. Não deixe a conexão ser mais forte que o propósito. A promessa de Deus fará você reagir todas as vezes que um ciclo ou uma conexão se encerrar.

Quando Moisés morreu, Deus deu uma sacudida em Josué para ele reagir e se levantar. Moisés foi a conexão de Josué, e a sua morte não foi o ponto final, mas baqueou e entristeceu Josué, porque foi repentino e inesperado aquele fim. Não sei o que tem paralisado você, o que foi que morreu repentinamente e inesperadamente aí, mas o propósito que Deus tem com você o sacudirá e o fará reagir.

O que é que tem feito você fugir ou se esconder? Quais são as memórias e sentimentos que têm causado um caos em suas emoções? Às vezes, alguém muito importante para você terá que sair de cena, alguém que abriu portas, preparou caminho, instruiu, deu-lhe sustento e lhe estendeu a mão.

Às vezes, Deus vai tirar um pilar, uma estrutura, para que você saiba que Ele é Quem será seu baluarte dali em diante. Fugi de casa muitas vezes, aos 10 e 11 anos, depois das agressões que sofria, com olhos e nariz sangrando, mãos e joelhos cortados. Corria até um campo de plantações, entrava ali até achar uma parreira limpa. Chorando e olhando para o céu, dizia: "Deus, eu não entendo o porquê me permite passar por isso, mas tenho certeza de que é para um propósito poderoso, que mais tarde fará todo sentido."

Ao contrário do que todos pensam, não amo café tanto assim. O cheiro do café é minha porção de cura diária. Algumas surras que ganhei foram após alguns cafés, quando meu agressor quebrava o copo e me cortava com o caco. Os últimos cortes, que trago nas mãos e no corpo, são de minha defesa e, onde havia pontos, ficaram as cicatrizes.

Ao me ver segurando uma xícara de café, é inevitável não ver as cicatrizes, mas me lembro de que foram elas que forjaram a mulher forte e corajosa que sou hoje. Minhas cicatrizes vêm curando milhares e milhares de mulheres por cada canto desta terra. Por onde passo, sempre digo: "Bendita seja sua entrada e bendita seja a sua saída." Minhas cicatrizes me trouxeram até aqui.

A dor não foi maior do que meu propósito. Aquele foi um ciclo que durou alguns anos, mas, até hoje, fecho algumas portas e desligo algumas luzes que insistem em permanecer abertas e acesas. Aquele período foi uma conexão e não o ponto final. Até logo.

"Às vezes, será necessário deixar tudo para trás, mas sair vivo."

PATRÍCIA SALGADO

PRA. REBECA LIMA

Vou me apresentar para você que almeja receber vida por meio da palavra.

Eu me chamo Rebeca Lima, resido atualmente na cidade de Feira de Santana, Bahia. Meu esposo é o Antônio Carlos Júnior, com quem sou casada há 10 anos. Somos pastores-presidentes da Assembleia de Deus Verdade em Cristo. Nossos filhos são: Pedro Henrique, Laura Eloah e Heloísa. Sou filha do pastor João Jorge e da Evanice.

Durante essa caminhada, foi-me concedida a oportunidade de gerar frutos acadêmicos: Administração, Teologia e Capelania. Sou idealizadora do projeto Verdades, no qual a palavra de Deus é ministrada para liberar a chave do conhecer mais de Deus.

Iniciamos um trabalho há 6 meses, o Pastoras que Cuidam, viabilizando, por meio da palavra, o romper no território que Deus nos confiou frutificar. Permita-me conduzir você com um pouco da experiência que tive e tenho com Deus por este livro. Este capítulo é nosso. Vamos!

prarebecalima

+55 (75) 99290-0442

miss.rebecalima@gmail.com

25 A palavra de Deus preenche lacunas

PRA. REBECA LIMA

Como é que tudo começa? Qual o *start* da vida? Como as coisas começam a se entrelaçar e a gerar vida? No tempo certo, vemos a materialização disso tudo? Como é que as células espirituais conseguem tomar forma, tamanho, gramatura, espessura, território, tudo por meio da fala do Criador? Ele diz, e tudo acontece. Tudo começa a se formalizar ou se personificar, tudo por conta da verbalização de Deus na Terra. Vamos lá pensar um pouco?

No livro de Gênesis capítulo 1, temos uma abordagem bíblica sobre a criação de Deus, os céus, a terra e tudo o que neles há. São muitos itens para se formarem, muitas cadeias alimentares para serem montadas, assim como também tempo, especialidades e detalhes que só Deus poderia e pode realizar. Deus tem o poder de colocar tudo no seu devido lugar apenas por meio da fala, da palavra, do dizer, do pronunciar e do apontar o que deseja; e tudo começa a existir. Pois é, existir!

A Terra aqui, em Gênesis, não tinha forma e estava vazia, mesmo assim, o Espírito de Deus pairava ou se movia sobre as águas. Nada estava inerte ou parado. O Espírito de Deus estava ali pronto para fazer para o Senhor o que tivesse de ser feito. Que disposição (ordem ou governo) e disponibilidade (estado ou qualidade do que é ou está disponível)! Falando uma linguagem atual, no sentido de ministério, igreja ou família.

O Pai está ali a todo momento. Nós temos a oportunidade de experimentar sua bondade e graça, também sua exortação. Por que falamos que somos dEle, tudo é por Ele e, no momento de caos ou de advertências humanas, queremos cruzar os braços e não agir conforme nos foi proposto? Ou fazer bicos ou chantagem emocional? Por que paralisar algo que não se paralisa? Por que querer permanecer na inércia, sendo que a terceira pessoa da trindade está em movimento? O salmista vai dizer: "Aquele que leva a preciosa semente, andando e chorando, voltará, sem dúvida, com alegria, trazendo consigo os seus molhos." (Salmos 126:6).

É necessário, na vida cristã, ter movimento, ter uma vida gerando ações para o reino de Deus, onde as respostas serão consequências de atitudes que estão sendo adotadas. Observe que devemos nos locomover na fé:

- "E Salomão amava ao Senhor, andando nos estatutos de Davi, seu pai; somente que nos altos sacrificava, e queimava incenso." (1 Reis 3:3);
- "Andando nos meus estatutos, e guardando os meus juízos, e procedendo segundo a verdade, o tal justo certamente viverá, diz o Senhor Deus." (Ezequiel 18:9);
- "E, andando junto do mar da Galileia, viu Simão e André, seu irmão, que lançavam a rede ao mar, pois eram pescadores." (Marcos 1:16);
- "E não te desviarás de todas as palavras que hoje te ordeno, nem para a direita nem para a esquerda, andando após outros deuses, para os servires." (Deuteronômio 28:14).

Entenda: quanto mais queremos receber de Deus orientações e respostas de vida, no cenário montado de morte, mais devemos provocar ações para nossos milagres. Convido você, caro leitor, a ser um provocador de milagres. Orando e sendo um leitor fiel da Bíblia Sagrada, certamente andará na luz.

É importante saber que o nosso adversário tem uma missão muito importante: matar, roubar e destruir (João 10:10). Veja que o cenário do aniquilamento da promessa está armado. Como? Todas as vezes que você se depara com o gigante, deixa ele tomar força e território e não faz nada, ele tomará espaço na sua vida, retirando suas munições espirituais.

Cuidado, pois não podemos ficar em casa quando o nosso lugar é no campo de batalha. Cuidado com os terraços! Lembra-se de Davi? Naquela época, os reis costumavam sair em batalhas no período da primavera, e foi justamente nesse momento que Davi enviou a sua tropa sob a liderança de Joabe e preferiu, daquela vez, ficar em casa.

É exatamente nesse momento de vulnerabilidade que o inimigo percebe que estamos de repouso enquanto devemos lutar; é o momento em que Deus nos cobra no secreto e queremos praia, shopping e férias. Deus requer silêncio, mas nós queremos falar; Deus pede qualidade de estudo sobre a palavra, mas queremos apenas estar satisfeitos com mensagens prontas do YouTube.

Até quando passearemos no terraço, sendo que é necessário estar no campo de batalha. É primavera, e seus adversários, que têm a mesma patente que a sua, saíram também para conquistar aquilo que é seu. Medite em 2 Samuel 11 sobre a lição que tiramos por meio dessa história, que ficou cruel: não deseje descanso em momentos em que todos saíram para lutar, porque, senão, você será atingido mesmo estando em casa. Recorde-se de que sua posição não permite baixar a guarda. Não seja isca fácil de Satanás.

Perceba que a palavra de Deus, em si, é suficiente para preencher as lacunas da sua vida. Lacunas que foram provocadas pelas lesões da história que você estava passando ou vivendo. Traumas, maldições hereditárias e palavras lançadas em momentos de raiva são elementos que freiam o crescimento ou uma profundidade bíblica.

De boas intenções, o mundo está cheio. E de viver coisas que não existem, de almejar ou cobiçar as coisas das pessoas que vemos nas redes sociais. De qual forma estaremos munidos suficientemente para combatermos o bom combate? Por meio da palavra de Deus, que é vida.

Se começarmos a analisar, os grandes líderes bíblicos tiveram grandes histórias marcantes de altos e baixos. Você verá Josué vivendo um luto pela morte de Moisés, seu mentor direto. Em suas ações, verá que ele nunca almejou ter o cargo de Moisés, mas procurou ser fiel em tudo. O próprio Deus deu um basta nessa "choradeira" e disse: "Moisés, meu servo, é morto; levanta-te, pois agora, passa este Jordão, tu e todo este povo, para a terra que eu dou aos filhos de Israel; todo lugar que pisar a planta do vosso pé, vo-lo tenho dado, como eu disse a Moisés." (Josué 1:1-2).

A fala do próprio Senhor já foi muito clara: "Levanta-te e passa." É isso aí que você está pensando com esta leitura: nada de ficar chorando excessivamente, nada de ficar estagnado como se não tivesse motivo para caminhar. Ação: levante-se e passe; consequência: onde pisar, eu lhe darei.

Aprenda que ações devem partir de nós, mas pare e pense: "eu só poderei agir conforme a palavra, pois, se me alimento da mesa que Deus me dá (palavra viva), como posso me nutrir de coisas carnais, obter resultados espirituais e ter a conduta de servo do Senhor?" (Gálatas 5:16).

Está aí o grande problema do nosso meio cristão: queremos grandes milagres e não liberamos grandes sacrifícios; queremos um grande avivamento em nossas igrejas, mas não entregamos o culto conforme; queremos liberar palavras de incentivo, de cura e de poder, sendo que foi Deus que nos trouxe para o conserto. Não podemos oferecer a Deus algo, se o nosso altar está remendado. O despertar tem que partir de nós: entender que a maior chave da nossa vida é ter acesso à vida eterna por meio do conhecimento das escrituras.

"Lembre-se de onde caiu! Arrependa-se e pratique as obras que praticava no princípio. Se não se arrepender, virei a você e tirarei o seu candelabro do lugar dele." (Apocalipse 2:5).

Logo no início do ministério que o Senhor me confiou, passei por diversas dificuldades — foram inúmeras. Pensei em parar e desistir. Muitos gigantes que estavam me cercando começaram a colocar em dúvida até o que Deus tinha me confiado. Olhava para os lados e só via dificuldade e tudo muito regrado. A igreja nasceu em uma garagem, sem cadeira, sem púlpito, sem som próprio, sem nada aparente que desse crédito ao início de um nascimento. Tudo improvável.

Lancei-me de cabeça na obra de Deus. Entreguei, no altar do Senhor, todas as minhas habilidades e me lancei. Tudo muito difícil, porém movido por aquela Voz e pelo comando que recebi do Senhor. O incrível era que Deus me comunicava algo em sonho, dava-me meu esposo. Não podia nem posso me embaraçar ou perder o foco. E, nesse início, orando e pedindo vidas para o reino de Deus, Ele me falou algo muito específico: "Rebeca, quem está dentro não pode estar fora. Quem está dentro fica. Não chore por quem vai embora. Valorize cada fase pela qual farei você passar, pois está se iniciando a sua história pastoral."

Chorei muito! Chorei muito mesmo! Algo começou a ser setorizado dentro de mim. Como se a minha vida interna ministerial estivesse sendo colocada no lugar. Que experiência! Que responsabilidade! Para quem procura ser fiel ao Senhor, o sentimento é que algo está sendo quebrado dentro de nós.

Leitor, não é nada sobre você, é sobre Quem o formou. Deus tem diversas formas de trabalhar. Não podemos limitar o poder dEle.

Ufa! Passei dessa fase! Fase de nascer, sair e ser evidente. Passamos 3 meses nessa garagem, porque precisávamos saber de Deus para onde iríamos. O Senhor nos direcionou para um lugar onde passaríamos apenas um tempo específico (Eclesiastes 3). Ficaríamos ali o tempo necessário.

Quantos gigantes tivemos! Mas não baixamos a guarda, sempre utilizamos a ferramenta chamada oração. Depois, o Senhor preparou este lugar onde estamos hoje, no bairro do Caseb, em Feira de Santana, Bahia. Percebo que, a cada dia que passou, o Senhor me trouxe a maturidade ministerial de saber entender que, muitas vezes, terei que me calar para o outro andar, terei que ver a ingratidão e não verbalizar nada, terei que ver as pessoas que dizem ser escudeiras me traírem na caminhada e me deixarem.

Mas sabe o que acho incrível? Deus nunca nos abandona, Ele cumpre e preenche todas as lacunas da alma.

Quem está aqui escrevendo para você é uma mulher que já teve experiência com a solidão, mesmo estando casada. Morei certo tempo em outro estado. Os 3 primeiros meses foram terríveis. Senti-me só de pessoas. Meu marido trabalhava lá e cá, e havia dias em que ficávamos sem nos ver. Foi quando o Espírito Santo falou comigo: "Vai ficar até quando chorando? Quer saber o que tenho para você? Está na hora de você me buscar e me ter como seu especial."

Mergulhei na palavra de Deus. Aquele cenário de solidão passou a ser preenchido pela palavra dEle. Isso me trouxe vida, sentido e direção. Exatamente, quero compartilhar com você isso: vamos buscar na palavra de Deus o sentido real de estar aqui. Você é capaz disso, basta dar o primeiro passo. Tudo muda!

Eu convido você para tornar a Bíblia o livro que não poderá sair da sua biblioteca espiritual. Ela é capaz de lhe trazer vida onde só há morte. Luz!

"Até quando passearemos no terraço, sendo que é necessário estar no campo de batalha?"

PRA. REBECA LIMA

ROSIANE DAMÁSIO

Sou Rosiane Damásio, filha amada de um Pai extraordinário, pelo qual sou apaixonada em extremo. Esposa de Márcio Bueno, mãe de duas filhas lindas, filha de uma mulher de quem tenho muito orgulho, Geny Damásio, sou empresária, escritora, psicanalista e fundadora da Caravana Entre Amigas. Sou ministra de cura e libertação pelo ministério Rever.

Sou fundadora do ministério Preparadas Para Batalha. Sou apaixonada por vidas e sigo lutando para multiplicar bravamente o talento que me foi confiado. Um sonho: ver as pessoas sendo transformadas e curadas por meio da palavra, de dentro para fora: espírito, alma e corpo.

rosianehd

+55 (84) 99845-2321

+55 (84) 98127-7292

rosianedamasio4077

26

Eu? Ponte?

POR ROSIANE DAMÁSIO

Em 16 de dezembro de 2017, durante uma grande festa, comemorando 5 anos de sucesso no trabalho com a Caravana Entre Amigas, tudo estava dando certo na minha vida espiritual. Servia na Igreja Batista Nacional do Cristo Rei, em Várzea Grande, Mato Grosso. Na vida material, tinha inaugurado minha agência de turismo há 9 meses. Enfim, para mim, estava fechando meu melhor ano. Estava feliz, era só gratidão.

De repente, ouvi a voz de Deus me trazendo a direção mais desafiadora da minha vida: abandonar tudo, minha parentela, minha casa, minha carreira, minha igreja, que, por sinal, amava, minha vida social, amigos, projetos etc., para vir para uma terra desconhecida, Natal, Rio Grande do Norte, para fazer e viver o que Ele me diria no futuro e, então, nesta terra me honrar.

Como todo ser humano, tentamos entender. No início, questionamos e temos medo, mas, quando Deus nos coloca na zona da expulsão, Ele cria situações para nos tirar do nosso lugar de conforto.

Levamos 3 meses para tomarmos a decisão de obedecer. Passamos por desafios, mas, em 18 de abril de 2018, partimos rumo ao desconhecido, crendo no propósito. Lutamos contra medos, dúvidas, forças ocultas e reais, que tentam nos desanimar quando temos algo extraordinário para viver, e, com isso, quero lhe dizer que, mesmo vivendo isso em tudo, a fidelidade de Deus permaneceu conosco sempre. Quero lembrar você de trazer à memória algo incrível e extraordinário que Deus nos deu no meio dessas situações, quando o medo e até o desespero tentaram roubar a nossa fé: recorde-se de Marcos 9:23, que diz: "Ao que lhe disse Jesus: Se podes! Tudo é possível ao que crê."

É nesse momento que Deus gera, em nós, estratégias que só serão geradas no momento da dor, pois Ele nunca nos trará uma dor sem propósito, afinal, ninguém amadurece sorrindo. A dor não mata quando Deus está presente. O Senhor usa vários desafios em nossa vida para gerar devoção, entrega, confiança, elevar nosso nível, estruturar e fortalecer nossas bases.

Nada será sobre nós, tudo será sobre Ele, pois sabemos que, em Romanos 12:2b, está dito: "Para que experimenteis qual seja a boa, agradável, e perfeita vontade de Deus." E, por isso e por meio disso, quero lhe falar sobre o talento que Deus confiou a nós, mas que poucos aceitam receber ou, até mesmo, nem conhecem. Como filhos, somos confiados a multiplicá-lo. Em Mateus 25:14-30, fala-se de uma parábola sobre talentos. Você tem o seu e, durante nosso treinamento, várias vezes, seremos provados e, muitas vezes, reprovados pelo orgulho, soberba, inveja, raiva, depressão e muitos outros fatores, por exemplo: a insatisfação, que é um sentimento que despreza a grandeza das coisas e gera tristeza no coração de Deus.

Muitas vezes, achamos que não possuímos esses sentimentos, mas somos surpreendidos quando o Espírito Santo começa a nos revelar quem somos, pois, do contrário, seguiríamos andando e vivendo uma vida de repetições no mesmo processo, dando voltas sem entender o motivo de tantos desajustes, sem prosperidade em várias áreas, vivendo tragédias repetidas, praticando a autonegação e várias outras ações que nos impedem de prosseguir rumo aos planos de Deus.

Mas Deus, como um bom Pai, quer nos transformar em seres portadores de alegria, uma alegria que só é encontrada nEle, pois, muitas vezes, procuramos alegria em coisas, pessoas, entre outros lugares. Porém, a alegria acontece de dentro para fora e não de fora para dentro. É importante entender que buscar um lugar em Deus é primordial, pois nossa alegria não pode estar baseada em coisas ou pessoas, ela deve estar baseada em Cristo, Aquele que nos chamou pelo nome e nos separou desde o ventre da nossa mãe para vencermos e sermos Seus filhos aqui na Terra, representando amor, alegria, fé e prosperidade.

E, para cumprirmos nosso chamado, devemos ter um coração curado. Temos um Pai que nos criou para termos relacionamento com Ele e vivermos uma vida dentro do propósito para o qual fomos criados. Devemos exercer com alegria, mesmo sabendo que o que nos aguarda pode trazer dor e sofrimento momentâneos, que servirão de aperfeiçoamento no projeto específico do Criador.

Então, vou lhe falar sobre ser ponte. Para ser uma ponte, primeiro, precisa-se entender sobre o material com que ela foi feita e qual o objetivo de ser criada. Vamos, então, ao significado no dicionário? De acordo com o dicionário Aurélio, ponte é um substantivo feminino, uma obra construída para estabelecer comunicação entre dois pontos separados por um curso de água ou qualquer depressão do terreno. Por Extensão, é qualquer estrutura que liga duas partes homólogas.

Ao compreendermos o significado de uma ponte no sentido natural da coisa, entendemos que ela precisa estabelecer comunicação e ligar duas partes (ou dois pontos). No mundo espiritual, significa ligação, conexão, elo, associação, união, vínculo e relação. Para nós, em termos melhores, Jesus é a nossa única ponte. Ele foi ressurreto sobre o céu, em sua transfiguração, e se tornou uma ponte construída para chegarmos a Deus.

Em João 14:27, diz-se: "Procuremos, contudo, construir pontes de fé, de reconciliação e nos empenhemos por viver pela paz que é dada não "como o mundo a dá", mas tal como é concedida por Jesus Cristo, o Filho de Deus. Ele é a ponte de fé para a eternidade."

Sendo assim, até quando levantaremos tantos questionamentos a Deus para iniciarmos o que fomos confiados a fazer? E tantos questionamentos ao Senhor sobre ser, ter, estar pronto, *status* social, tempo etc.? Jesus está voltando! Enquanto eu e você questionamos sobre nossa própria vida, existem crianças sendo molestadas, mulheres com mentes sendo distorcidas em seu conceito pessoal e do lar e desconstruindo sua família, pessoas sofrendo por querer antecipar seu propósito, outras focadas somente em suas próprias dores sem enxergar o que Deus está fazendo nessa geração. E Deus quer mudar sua história.

Deus está forjando seu caráter, eliminando seu ativismo, parando você para ouvi-lo e preparando suas bases para torná-lo ponte na vida das pessoas. Enfim, muitas vezes em nossa trajetória, questionamos a Deus porque ele nos chama da maneira que não entendemos. Não compreendemos nosso chamado e, ao mesmo tempo, nosso coração arde motivado pelo Senhor a trabalhar para resgatar pessoas. Vivemos situações que nos colocam extremamente paralisados naquilo que sabemos fazer muito bem e, ao mesmo tempo, fluímos em novos projetos e novos ares. É exatamente assim que Deus nos transforma.

Mas só podemos fazer quando estivermos prontos, maduros, aprovados e preparados. Hoje, o Espírito Santo lhe diz assim: "Você é ponte! Saia e flua!".

Entenda tudo isso de uma maneira mais profunda, saiba o significado do seu chamado. Comece a imaginar o que é ter a força de uma ponte.

Uma ponte, após ser colocada em seu devido lugar, com a sua finalidade, pode até ser esquecida, principalmente pelos seus usuários, mesmo que todos os dias, pessoas, carros etc. passem por cima dela sem ao menos observar sua beleza e sua importância. Muitas vezes, é negligenciada por passarmos tão rápido por ela e não notarmos sua conservação.

Mas você já parou para se colocar no lugar de uma ponte? Imagine ser uma ponte, todos os dias: terá que ser pisoteado diversas vezes por muitas pessoas sem ser notada. Terá que ser firme e forte, pois uma ponte segura o peso de muitas coisas, como um caminhão cheio de carga, um carro cheio de pessoas, um carro puxando o outro etc. Mesmo sem ser observada com a atenção merecida, estará lá, imponente, firme, ligando os pontos cumprindo sua função.

Está disposto a ser ponte na vida de alguém? Posso servir sem ser visto, destacado e reconhecido? Será que estou pronto apenas para conectar pessoas a alcançarem seus objetivos sem tirar proveito da situação? Estou pronto para não ter aplausos no final? Para ser ponte nas mãos de Deus, exige-se um bom treinamento. O primeiro ponto dele será abrir mão de si mesmo, pois o que lhe fará crescer na vida são as conexões que o céu fará para você. Afinal, o dom pode nos levar ao sucesso, mas a perseverança e a força que vêm de Deus nos levarão para o alto.

O céu tem que ser nosso lugar, ele é o alvo, como Cristo é a nossa ponte que nos liga diretamente ao Pai Celestial. Ele fez para nós uma ponte que nos leva até os céus. Assim como Ele nos escolheu, Ele nos viu de dentro para fora, Ele viu o que ninguém viu. Ele sabe qual peça em nós está danificada, mesmo que, por fora, nossa lataria esteja impecável. Ele sabe o que precisa reajustar, Ele nos conhece e sabe que precisamos de reparos.

Essa é a resposta de Deus para sua vida. Entenda que cuidar de uma pessoa é imitar o amor de Jesus sendo ponte, sendo curado por dentro e transformando pessoas por fora. Seja, agora, a ponte de Cristo na sua família, no seu trabalho, no meio dos seus amigos. Enfim, vá! Não espere estar pronto para começar a se apresentar e para exercer o talento que arde em você.

Comece hoje. Tome agora a decisão mais esperada da sua vida. Entregue-se, pare de resistir e saia da sua zona de conforto, seja ela qual for. Parta para o desafio que está ardendo em seu coração. Rejeite todo medo, toda insegurança e se entregue ao novo que Deus planejou para você.

Entenda quão maravilhoso e importante é ser chamado para tal ministério. Perceba que ter conhecimento é importante, que é precioso o talento que Deus nos deu ao conectar pessoas ao seu chamado e despertá-lo para novo tempo de Deus para suas vidas. Ser alguém em quem o Senhor confia, obedecendo seu chamado em qualquer ministério na igreja, no trabalho, na família etc., e seguindo o exemplo de Cristo, é ser especial.

Não olhe para trás e prossiga para seu futuro, pois, lá na frente, existe uma vida nova esperando por você; Deus já está esperando por você. E você tem como professor alguém como Jesus, o verdadeiro Mestre. Pois, sem Ele, é impossível chegar a Deus. O céu espera para comemorar com você sua primeira multiplicação de talento. Então, renda-se.

"O que lhe fará crescer na vida são as conexões que o céu fará para você."

ROSIANE DAMÁSIO

RUBYANA ANDRADE

Sou Rubyana Andrade, natural de Maraial, Pernambuco, e resido em Palmares/PE, com a minha família: meu digníssimo esposo, Thiago Andrade, com quem sou casada há 20 anos; e meus filhos: Débora, Nycollas, Valentina e Héloisa, quatro preciosidades.

Sou pregadora do evangelho e CEO. Tenho um programa de rádio: *Despertando Uma Geração*. Cuido de vidas, recuperando-as por meio da palavra, missões e fortes testemunhos.

Superei um grande desafio. Sou um milagre, fui desenganada quatro vezes pela medicina: não podia engravidar, mas Deus me abençoou com quatro bênçãos. Os médicos designaram que eu viria a óbito no dia do nascimento da minha filha primogênita, mas o Senhor me devolveu a vida. São muitos milagres em minha vida.

Para saber mais sobre a minha história, siga-me pelas minhas redes sociais.

rubyana.andrade.oficial

+55 (81) 99240-1487

rubyanaandrade3@gmail.com

27 **Os quatro** tipos de solo do coração humano

POR RUBYANA ANDRADE

Segundo o que diz na parábola do semeador:

> *Falou-lhe de muitas coisas por parábolas, dizendo: "Eis que o semeador saiu a semear; Quando semeava, uma parte da semente caiu à beira do caminho, e vieram as aves, e comeram-na; E outra parte caiu em pedregais, onde não havia terra bastante, e logo nasceu, porque não tinha terra funda; Mas, vindo o sol, queimou-se, e secou-se, porque não tinha raiz. E outra caiu entre espinhos, e os espinhos cresceram e sufocaram-na; E outra caiu em boa terra, e deu fruto: um a cem, outro a sessenta e outro a trinta."* (Mateus 13:3-8)

Em Mateus 13:3, Jesus compartilha conosco a parábola do semeador que saiu para semear. Ele inicia a parábola dizendo isso. Pelo texto, sabemos que as sementes caíram em quatro diferentes tipos de terrenos, ou podemos falar solos. Quais são esses terrenos ou solos em que as sementes caíram?

À beira do caminho: "Enquanto lançava a semente, parte dela caiu à beira do caminho, e as aves vieram e a comeram." (v. 4). Mas o que é "à beira do caminho"? Ou melhor, que caminho é esse? Perceba que o texto diz que "enquanto lançava a semente, parte dela caiu à beira do caminho", ou seja, à beira do caminho não era um lugar onde a semente propositadamente era lançada, pois algumas sementes ali caíam acidentalmente. À beira do caminho, ou o caminho, no caso, refere-se aos espaços de terra que existiam entre os lotes de terra semeável. Por serem caminhos que os semeadores usavam para acessar os lotes e semeá-los, a terra desses espaços era pisada e compactada, um solo tão duro que impedia uma semente de penetrá-lo. Assim, as sementes que casualmente ali caíam ficavam expostas e vulneráveis a serem comidas por possíveis aves que estivessem no local.

O terreno pedregoso: "E outra parte caiu em pedregais, onde não havia terra bastante, e logo nasceu, porque não tinha terra funda; Mas, vindo o sol, queimou-se, e secou-se, porque não tinha raiz." (vv. 5-6). Mas o que é terreno pedregoso? Ao contrário do que alguns poderiam pensar, não é um terreno cheio de pedras. O terreno pedregoso, conforme nos diz o texto, tem uma primeira camada fina de terra. Entretanto, logo após essa primeira camada, há outra de rocha. Assim, as sementes que ali caíam conseguem penetrar no solo. Contudo, assim que germinam, como estão impedidas pela camada rochosa de gerar raízes longas e de alcançar a umidade, são estimuladas a brotar. Em outras palavras, se não conseguem crescer para baixo e internamente, crescem para cima e externamente. Todavia, como não têm raízes longas e que alcancem a umidade, assim que brotam, são expostas ao sol, secam-se e morrem.

O terreno com espinhos: "E outra caiu entre espinhos, e os espinhos cresceram e sufocaram-na." (v. 7). O que são esses espinhos? Esses espinhos, a princípio, são pragas escondidas debaixo da terra. Assim, esse terreno, aparentemente, é bom. Entretanto, quando as sementes ali caem e começam a germinar, essas pragas escondidas também começam a crescer e a concorrer com elas. Como as pragas nativas de uma determinada área sempre levam vantagem sobre uma planta cultivada, na concorrência por espaço físico, luz do sol e umidade, os espinhos são vitoriosos, privam as plantas do que elas precisam para viver, e, sufocadas, por fim, elas morrem.

A boa terra: "E outra caiu em boa terra, e deu fruto: um a cem, outro a sessenta e outro a trinta." (v. 8). O que é boa terra? Ao contrário da beira do caminho, é uma terra arada e fofa. Diferentemente do terreno pedregoso, é uma terra profunda e espaçosa. Em contraposição ao terreno com espinhos, uma terra livre de pragas.

"E, finalmente, o que foi semeado em boa terra: este é aquele que ouve a palavra e a entende, e dá uma colheita de cem, sessenta e trinta por um" (v. 23). O coração do tipo terra boa é aquele que está preparado para receber a semente da palavra. Ele não está duro e fechado, não é superficial e aparente, não está contaminado e dominado pelo mundo. Esse coração foi regenerado pela ação do Espírito Santo e está capacitado para ver, ouvir, entender a mensagem do reino de Deus e, assim, converter-se a Jesus e ser transformado por Ele. Perceba, entretanto, que as pessoas com esse tipo de coração podem variar na quantidade de frutos dados. Algumas podem dar uma colheita de cem, enquanto outras, de sessenta ou trinta. Isso significa que as mudanças de vida geradas pela palavra podem ser abundantes e rápidas mais em uns do que em outros. Contudo, todos as estão experimentando.

Muitas vezes, não entendemos, não compreendemos porque somos tão provados e nos perguntamos: "Por que estamos passando por isso? Por que estamos enfrentando tantas lutas, tantas guerras, tantas dificuldades e tantas pelejas?" Muitas vezes, queremos parar e desistir, não queremos mais lutar, seguir em frente e guerrear. Vem à nossa mente o pensamento de medo, chegamos a duvidar das promessas que Deus tem para nossas vidas, dos sonhos e dos projetos.

Achamos que não vamos conseguir nos levantar e nos perguntamos: onde foi que errei? O que plantei? Onde plantei? Será que o que plantei vai germinar? Vai gerar frutos bons a minha colheita? Como? Será que vai ser uma boa colheita? Será que devo parar de semear? Será que pela manhã já coloquei minha semente? Devo parar? Descansar durante a tarde? Não devo mais semear? Mas e se o fruto que plantei pela manhã não for um fruto bom? Será que fiz bem em descansar? E se o meu fruto não sair bom? Vou perceber que deveria ter continuado a semear também pela tarde? Como é que vou saber qual vai prosperar ou se ambas igualmente serão boas?

"Semeia pela manhã a tua semente e à tarde não repouses a mão, porque não sabes qual prosperará; se esta, se aquela ou se ambas igualmente serão boas." (Eclesiastes 11:6).

Introdução

Quando observamos o semeador lançando a semente na terra, aprendemos muito sobre a vida. O ato de semear nos ensina sobre nossos sonhos e projetos. O que você tem semeado? Vamos refletir sobre o ato de semear?

1- Abrir mão da semente

Em João 12:24, lemos: "Em verdade, em verdade vos digo: se o grão de trigo, caindo na terra, não morrer, fica ele só; mas, se morrer, produz muito fruto". A primeira coisa que acontece com a semente plantada é ficar soterrada. Ninguém mais vê a semente, mas o semeador sabe que ela está debaixo da terra e espera seu ressurgimento. A semente morre debaixo da terra, incha e depois brota vida.

Quando uma semente é selecionada para o plantio, logo se abre mão dela para a alimentação. Contudo, a semente que não será comida, em compensação, dará muito mais alimento "frutificando a trinta, a sessenta e a cem por um" (Marcos 4:20). Em contraposição, se o semeador não abrir mão da semente, também não colherá o seu fruto.

Em nossos sonhos, devemos abrir mão de algo para dedicar ao projeto que almejamos. Embora ninguém saiba ou enxergue o que estamos fazendo, precisamos continuar semeando certos de que um dia vamos colher. Para semear é preciso abrir mão da semente.

2- Suportar dificuldades

Em Salmos 126:5,6, diz-se: "Os que com lágrimas semeiam, com júbilo ceifarão. Quem sai andando e chorando, enquanto semeia, voltará com júbilo, trazendo os seus feixes".

A segunda verdade do semeador é que plantar não é fácil. Semear é algo trabalhoso e muito cansativo. A terra deve ser preparada e o lugar de plantio deve ser escolhido corretamente. Enquanto faz isso, o semeador sua, suspira e se esforça grandemente. A motivação de quem planta é colher futuramente. Por mais difícil que seja, vale a pena semear. Desse modo, precisamos ter mais resistência enquanto estamos plantando e ter esperança no que vamos colher. Para semear, é preciso resistir às dificuldades.

3- Esperar o tempo certo

Em Eclesiastes 3:2, é dito: "Há tempo de nascer e tempo de morrer; tempo de plantar e tempo de arrancar o que se plantou". O agricultor sabe o tempo certo de cada planta, desde a estação correta para o plantio até o momento certo para adubar, carpir e colher. Quando chega a hora certa de cada etapa, o semeador não perde tempo.

Se o agricultor deseja colher várias vezes durante o ano, para garantir o sustento da família, então deve plantar sementes para colher em todas as épocas. Por exemplo: o feijão pode ser colhido em três meses; o milho, em seis meses; e a lavoura de café, uma vez ao ano. Fazendo assim, sempre haverá colheita de tempo em tempo.

Com nossos sonhos, também é assim. Precisamos aprender o tempo certo e aproveitar as oportunidades. Se passarmos um tempo sem plantar, também passaremos um tempo sem colher. Hoje, colhemos o que plantamos no passado e, no futuro, colheremos o que plantamos agora. Por isso, devemos plantar o tempo todo. Para semear, é preciso resistir às dificuldades.

Existem pessoas que vão receber e entender melhor a palavra de Deus, mais por causa das nossas atitudes do que pelas nossas palavras. Existem pessoas que vão receber melhor a palavra de Deus por meio de uma canção e de uma pregação. Essa perspectiva nos faz ver que devemos plantar sementes em todos os lugares, ministrar a palavra de Deus com as oportunidades que Ele tem nos dado.

São tantos os meios que Deus nos deu para espalharmos a semente e pregarmos sua palavra para todos!... Não nos limitemos ao ensino da palavra de Deus e ao que Ele pode fazer através de nós e em nós.

Conclusão

Em Provérbios 4:23, Salomão nos deu um sábio conselho dizendo: “Sobre tudo o que se deve guardar, guarda o teu coração, porque dele procede as saídas da vida.”

Agradecimento

Sou grata a Deus por ele me permitir ser semeadora, trazendo vida por meio da Sua palavra.

Louvo a Deus pela vida da minha amiga Lilia, pelo convite de ter esta imensa honra de ser escolhida uma das 30 coautoras deste precioso livro.

"

Só vive o propósito
quem suporta o
tempo do processo,
porque, no seu mais
profundo deserto, é
que Deus vai fazer
você florescer.

"

Rubyana Andrade

SÔNIA DE CARVALHO

Meu nome é Sônia de Carvalho. Sou pastora há 17 anos, mentora de mulheres, palestrante, idealizadora do ministério Mulheres Reconstruídas em Deus, Rosas de Sarom. Sou de São Paulo, capital. Sou casada há 45 anos com o pastor José F. de Carvalho, e temos 6 filhos, 3 homens e 3 mulheres, sendo uma filha do coração: Fábio, Rodrigo, Patrícia, Priscila, Renato e Cátia.

Sou filha amada do Pai, fui chamada para um propósito e, na pandemia, Deus me tirou da zona de conforto, levantou-me para eu levantar outras mulheres por meio das redes sociais. Hoje sou uma mulher posicionada para levar outras mulheres a se posicionarem nos princípios da palavra de Deus, para cumprirem o Seu propósito.

mulheresreconstruidasemdeus

prasoniadecarvalho

sompri25@gmail.com

Pra. Sônia de Carvalho 3016

+55 (11) 91405-8016

28 Milagre não se explica, vive-se!

POR SÔNIA DE CARVALHO

Quando fui convidada para participar deste projeto, fiquei impactada com o tema, pois foi exatamente o que aconteceu comigo: literalmente recebi vida através da palavra. Sabe aquele momento em que ninguém, humanamente falando, pode fazer nada por você, quando não existem recursos, nem remédios, absolutamente nada para solucionar o seu problema? Foi assim que um dia me senti por um momento, embora já houvesse tido várias experiências com Deus: já tinha ouvido a Sua voz, já tinha intimidade suficiente para acreditar que Deus é um Deus de milagre.

Mas parece que, quando o problema é com a gente, fica tudo mais difícil. Foi exatamente no ano de 1996, morando na cidade de Franca, interior de São Paulo, no início do ano, que comecei a enfrentar uma grande batalha.

Lembro-me que já era evangélica há 11 anos. Não tinha título, mas exercia vários cargos na igreja: pregava a palavra de salvação, de cura e libertação, fazia tudo com muito amor e carinho, estava sempre disponível para o reino de Deus.

Apesar de ter alguns anos de igreja, descobri que me faltava maturidade espiritual. Certa noite, tive um sonho e, nele, ouvia uma voz dizendo: "Ela está a mil por hora. Temos que pará-la!", mas não dei ouvidos. Queridas, saibam que, quando você estiver no centro da vontade de Deus, o inimigo vai querer pará-la. Não dê ouvidos.

Não demorou. Aos meus olhos, pessoas que deveriam me apoiar, desprezaram-me. Eu me senti traída, humilhada. Não pensei duas vezes, abandonei tudo, sem entender que tudo o que estava fazendo, ali não era para o homem, e sim para Deus.

Mesmo que a decisão de abandonar fosse minha, fiquei sem chão, sem direção, totalmente perdida, esperando que alguém viesse até mim e dissesse: "Volta! Nós a amamos!", mas isso não aconteceu. A tristeza, a raiz da amargura, tomou conta do meu coração. Ei! Não faça nada para agradar o homem, não espere recompensa dele, nem espere ser aprovada ou reprovada por alguém. Você só precisa da aprovação do céu, pois a sua recompensa vem de Deus.

A palavra de Deus, em Provérbios 4:23, diz assim: "Sobre tudo o que se deve guardar, guarda o teu coração, porque dele procedem as fontes da vida." Eu havia começado até a frequentar outra igreja, onde fui muito bem recebida, com muito amor e carinho, mas a verdade era que estava fora do centro da vontade de Deus, por isso, sentia-me triste. De fato, acredito que passei por tudo isso para que o nome do Senhor fosse glorificado em minha vida.

E a batalha espiritual começou! Passava mal do estômago quase todos os dias, não comia e, quando comia, me sentia mal. Fui ao médico, e ele me pediu alguns exames, entre eles, um ultrassom abdominal. Quando fui pegar o resultado, isso era no mês de março, o médico me disse que eu tinha pólipos na vesícula e que era necessária uma cirurgia. Muito medrosa, eu fugia do procedimento cirúrgico e fui adiando a cirurgia, até que a marcamos para o início de outubro.

Retirei a vesícula e fiquei aguardando os resultados. Em menos de uma semana, percebi um grande movimento na família: parecia que escondiam algo de mim. Então chegou o dia de ir ao médico para pegar o novo resultado. Ele olhou para mim e disse: "Você está com câncer e deverá fazer um tratamento por cinco anos." Mas falou isso só para me acalmar, porque, para minha família, ele falou a verdade: esse tipo de câncer, conhecido como adenocarcinoma papilífero, é muito agressivo, mata em 3 meses.

Quando recebi a notícia, fiquei sem chão, mal podendo acreditar que aquilo estava acontecendo comigo. Mas, quando saí de lá, comecei a falar com Deus sobre o porquê de estar passando por aquilo. Logo me veio à lembrança que precisava liberar perdão e, também, pedir perdão a Deus por ter abandonado a sua obra, porque entendi que não é nada sobre nós, e sim tudo sobre Ele. Em Romanos 8:28, diz se assim: "E sabemos que todas as coisas contribuem juntamente para o bem daqueles que amam a Deus, daqueles que são chamados segundo o seu propósito."

Quando passamos por um processo, pode ter certeza de que há um grande propósito nessa dor: cresceremos, amadureceremos e seremos preparadas para recebermos tudo aquilo que o Senhor tem para nós. Lá estava eu, onde os recursos humanos não existiam para mim. Mas, como conhecedora da verdade, fui para a palavra de Deus, em Isaías 53:4: "Verdadeiramente ele tomou sobre si as nossas enfermidades, e as nossas dores levou sobre si; e nós o reputávamos por aflito, ferido de Deus, e oprimido."

Firmei-me nessa palavra e a declarava sobre o meu abdômen todos os dias. Havia noites em que dormia com a Bíblia aberta sobre a minha barriga, exatamente em Isaías 53. Era uma batalha espiritual, pois vinham pensamentos negativos dizendo que fulano morreu de câncer e que eu seria a próxima. Mas não abaixei a guarda, continuei firme nas promessas do Senhor.

Logo, fui fazer mais um exame, porque já havia tirado a vesícula, mas ainda constavam nódulos no meu fígado. Encaminharam-me para a cidade de Barretos. Por lá, repetiram todos os exames, e fiquei esperançosa de ter ocorrido um erro de laboratório. Mas, na verdade não foi assim: os resultados foram os mesmos, constavam muitos nódulos no meu fígado.

Quando o médico desse hospital pegou os resultados dos exames, disse-me que eu iria passar por mais uma cirurgia. Isso me deixou muito triste, pois seria uma cirurgia de grande porte. Existem momentos na vida em que serão você e Deus, Deus e você. Na noite anterior à cirurgia, meu coração estava triste, estava com medo. De madrugada, sozinha, quando todos estavam dormindo na casa, dobrei os meus joelhos ao lado dos pés da minha cama e falei com Deus assim: "Senhor! O homem já tirou a minha vesícula, agora eles querem mexer no meu fígado. O Senhor vai deixar?". Ele me respondeu ao som de muitas águas: "Não temas, filha! Eu estarei operando, sim! Para a glória do meu nome!".

Naquele momento, a glória do Senhor invadiu o meu quarto, invadiu o meu coração, a minha alma, o meu espírito e me trouxe paz. Em Mateus 6:6, a palavra de Deus diz assim: "Mas tu, quando orares, entra no teu quarto e, fechando a tua porta, ora a teu Pai que está em secreto; e teu Pai, que vê em secreto, te recompensará publicamente." Quando você estiver passando por uma situação em que não há recursos humanos, entre no seu secreto e fale com Deus; Ele o(a) ouvirá, responderá e honrará publicamente.

No dia seguinte, fui para Barretos com meu coração em paz, mas, no caminho, Deus ainda me trouxe uma confirmação. No carro com meu sobrinho, ele disse: "Tia, vou colocar esta fita aqui com este hino para você."

Era aleatório, pois não sabíamos qual seria o hino. Quando comecei a ouvir, olha Jesus novamente falando comigo: era o hino de Shirley Carvalhaes, "Bate coração", com uma letra dizendo que não era a hora de o meu coração parar de bater, porque iria precisar muito dele, que a estrada era muito longa e que juntos tínhamos muitas almas para ganhar. Dizia também: "não desanime seu coração, milhões estão orando por você".

Foi muito forte. Fiquei impactada, em lágrimas. Naquele momento, pude mais uma vez sentir o amor de Deus dentro de mim. Em 1 João 4:18, é dito: "No amor não há medo, antes o perfeito amor lança fora todo medo, porque o medo tem consigo a pena, e o que sente medo não é perfeito em amor." Você precisa saber e entender o quanto Jesus ama você e quer sarar a sua dor. Quando nos envolvemos com Ele, somos completamente envolvidas pelo Seu grande amor.

Chegando ao hospital, fiz a cirurgia e foi um sucesso. Meu esposo, apreensivo, foi ao encontro do médico logo após a cirurgia e lhe perguntou: "Como foi, doutor?". E ele respondeu: "Tenho 22 anos de Hospital do Câncer e nunca vi isso. Estive com o fígado dela em minhas mãos e estava igual ao fígado de um bebê." Ou seja, Jesus me deu um fígado novo para a honra e a glória do Seu nome.

Depois de 12 dias, voltei para tirar os pontos, e o médico me disse: "Tivemos uma reunião com uma junta médica e chegamos a uma conclusão: que esse tipo de câncer costuma nos driblar. Então, decidimos que você deverá fazer algumas sessões de quimioterapia." O que eu temia me sobreveio. Tinha pavor de quimioterapia por alguns motivos, entre eles: passar mal e ter queda dos cabelos. Mas eu disse: "Está bem. Eu faço!"

Quando voltei para casa, estava se aproximando o dia de fazer a quimioterapia. Comecei a falar com Deus, preocupada. Mais uma vez, o Senhor me respondeu e me fez uma pergunta: "Filha, quem foi que a operou?". Eu disse: "Foi o Senhor!" Em seguida, caí em lágrimas, em prantos, e entendi que onde Deus coloca as suas mãos, tudo fica perfeito e homem nenhum precisará mais colocar as suas mãos.

Eu não fui fazer nenhuma quimioterapia. Sou grata a Deus, pois, neste ano de 2023, fará 27 anos que recebi o grande milagre.

Quero lhe dizer que o nosso Deus não mudou, Ele é o mesmo de ontem, de hoje e será eternamente. Eu não sei qual é o seu problema, qual processo que você está enfrentando, mas posso lhe dizer: garanto, com toda a certeza, que, para Deus, nada é impossível. Precisamos acreditar em Sua palavra. Deus é fiel! Em Jeremias 1:12, a Bíblia nos diz assim: "E disse-me o Senhor: Viste bem; porque eu velo sobre a minha palavra para cumpri-la." Não desanime e não desista! As promessas que Ele lhe fez ainda estão de pé: "Deus não é homem para que minta e nem filho do homem para que se arrependa." (Números 23:19).

"Este mal não é para morte, mas para que o nome dEle seja glorificado em sua vida." (João 11:4). Deus não precisa de um cenário favorável para agir em seu favor, Ele só precisa que você acredite em Sua palavra, em Suas promessas, independentemente de idade ou de qualquer coisa. Deus é Deus, Ele é imutável! Ele me deu vida por meio da Sua palavra, para que hoje estivesse aqui escrevendo este texto para você ler e receber a sua cura da mente, da alma, do seu emocional e do seu físico.

Não olhe para as adversidades, pois o processo fere, mas o propósito cura. Saiba que Deus não perdeu o controle de nada. Você pode até ter perdido o controle da situação, mas tudo está sob o controle de Suas mãos.

> "Entre no seu quarto,
> feche a sua porta,
> saia do raso e vá para
> as águas profundas,
> porque, certamente,
> você O encontrará:
> Deus."

SÔNIA DE CARVALHO

PRA.THIARA LOPES

Sou Thiara Lopes, casada com o pastor Mauricio Borges há 16 anos, mãe de Maria Vitória (meu milagre) e madrasta da querida Maria Eduarda. Sou ministra de louvor, pastora e apaixonada por Jesus e Sua palavra. Sou formada em Serviço Social, porém não exerço a profissão, pois a rota de Deus me apontou para viver o sobrenatural dEle.

Minha trajetória foi de grandes desafios e provações, com os quais descobri em Jesus o recomeçar diariamente, porque dEle e por Ele são todas as coisas. Entendi que todo processo carrega um propósito.

thiaralopesoficial

+55 (64) 99294-6900

thiaralopes_@hotmail.com

29

A dor é inevitável, mas o sofrimento é opcional

POR PRA. THIARA LOPES

É maravilhoso ver como a palavra de Deus pode impactar nossas vidas e nos ensinar valiosas lições. A história de Ana na Bíblia é inspiradora e mostra como uma mulher cheia de fé e oração pode superar conflitos emocionais, pessoais e familiares. Em 1 Samuel 1, deparamo-nos com a história de Ana, cujo nome significa graça, benevolência e favor. Ela era casada com Elcana, que também tinha outra esposa, chamada Penina. Enquanto Penina tinha filhos, Ana era estéril. No entanto, foi fiel mesmo diante do impossível. Ela sabia que ter filhos não definia quem ela era, mas a presença de Deus em sua vida era fundamental.

Era um hábito de Elcana, todos os anos e com toda sua família, sair de Ramataim-Zofim para oferecer sacrifícios ao Senhor na capital nacional da adoração Silo (1 Samuel 1:4-5). Como mulher de Deus, Ana não desistiu de buscar o Senhor, mesmo diante do impossível.

Tudo aquilo que não tenho, muitas vezes, causa-me dor. O que você não tem não pode mudar quem você é. O ter é passageiro, o ser é eterno. Você sobrevive sem filhos, mas não sobrevive sem a presença de Deus. Ana nos ensinou que o tempo e a dor são agentes de amadurecimento e preparação. Devemos estar prontos para passar por processos, para que Deus possa cumprir Seus propósitos em nossas vidas.

Ana experimentou o poder de Deus por meio de sua oração e sua entrega total a Ele. Dentro de cada dor, nasce um propósito. Ana se levantou com atitude de posicionamento e orou pedindo a Deus um filho. Ela não se permitia ser sufocada pela aflição, afinal, situações extremas exigem de nós atitudes extremas. Percebemos que a dor não é maior que o propósito e que, para todo propósito, há um posicionamento.

A dor não pode nos parar, a dor serve para nos potencializar. Ana orou fervorosamente ao Senhor, derramando suas aflições e lágrimas diante dEle. Em meio à sua dor, Ana encontrou propósito. Ela não permitia que as afrontas de Penina a distraíssem ou a desanimassem. Ana aprendeu a se silenciar durante o processo e a confiar em Deus. Ela perseverou em oração e, no momento certo, Deus lhe respondeu. Então, Ana fez um voto a Deus, prometendo dedicar seu filho a Ele, caso fosse abençoada com um. Compreendeu que, ao devolver seu filho a Deus, estaria colocando sua fé em ação e demonstrando confiança nEle.

Quando somos matriculadas na escola de Deus, o tempo se torna agente transformador para gerar maturidade. A dor é inevitável, mas o sofrimento é opcional. Ana experimentou o poder de Deus por meio da oração. Para cada atitude, uma resposta; para cada resposta liberada do céu, um apontamento profético.

A história de Ana nos encoraja a confiar em Deus, a perseverar em oração e a buscar o propósito que Ele tem para nós. Podemos aprender com a coragem, a fé e a experiência de Ana em sua jornada. Ela sentiu a esterilidade e as dificuldades, mas não desistiu de buscar a Deus. Entendeu que o propósito de Deus ia além de suas próprias necessidades e que Ele queria usar seu filho, Samuel, como um profeta.

Deus ouviu a oração de Ana! Ela queria um filho, Ele precisava de um profeta. Deus ia atender a sua oração, mas uniria o seu querer com o querer dEle. O Senhor não agirá somente na sua necessidade, Ele quer agir na sua entrega. Assim, Ana nos mostrou a importância de perseverar em oração, mesmo quando enfrentamos impossibilidades. Além disso, nos mostrou como lidar com as afrontas e críticas daqueles que estão ao nosso redor.

Ela não se deixou distrair nem desencorajar pelas palavras dolorosas de Penina. Em vez disso, ela se silenciou e foi honrada por Deus. Isso nos ensinou a não nos compararmos com os outros, a não nos deixarmos abalar por palavras negativas e a buscar a paz em meio às dificuldades. Às vezes, enfrentamos críticas e incompreensões daqueles ao nosso redor, como aconteceu com Ana quando o sacerdote Eli a acusou. No entanto, devemos nos lembrar de que Deus está sempre presente, mesmo quando alguns não entendem.

Todo propósito exige entrega, renúncia e busca. Ana perseverou. Durante esse tempo, ela venceu as afrontas de Penina, as acusações de Eli e a maior dificuldade de todas, sua humanidade. A alma de Ana estava atribulada, porém Deus só entrega milagres quando estamos prontos para recebê-los.

Com Penina, o silêncio de Ana revelou maturidade e nos ensinou que, dentro do processo, palavras podem nos sentenciar ou nos potencializar. Ela não revidou as afrontas, não se distraiu e se silenciou. A dor gerou força para sustentar o processo, as afrontas de Penina não serviram para distraí-la da rota do milagre. Não se distraia, prossiga; as afrontas não podem tirar sua paz.

A palavra de Deus é a própria revelação do que precisamos. Ana venceu as afrontas em silêncio e estava diante de Eli, o sacerdote. Enquanto ela orava, ele a observava e não a compreendia. A medida da sua entrega nunca será compreendida por aqueles que não conhecem a profundidade da sua dor. Todos os anos, Ana subia no templo, porém, naquele ano, ela se entregou e clamou ao Senhor de forma completamente diferente. Muitos vão observar você e poucos vão compreendê-lo. Ana, ao ser questionada pelo sacerdote, abriu o seu coração dizendo a verdade: "Não, meu senhor, não estou embriagada! Sou uma mulher atribulada de espírito."

Eli achou que Ana estava embriagada, porém, ela confessou sua humanidade e sua fraqueza. Em Provérbios 28:13, nos diz: "Os que encobrem a suas transgressões nunca prosperarão, mas os que as confessam e deixam, alcançarão misericórdia."

Em meio ao caos da vida, Deus precisa nos tocar para desconstruir nossa humanidade e preencher as lacunas da nossa alma. A verdade é que o poder de Deus se revela no meio das nossas fraquezas. Diante da confissão de Ana, Eli a compreendeu e disse: "Vai em paz! Que o Deus de Israel lhe conceda a petição que fizeste." E ela então partiu, porém seu semblante já não era triste.

Precisamos experimentar nossa fraqueza, para, assim, experimentarmos a infinita força de Deus. Há momentos em que Deus quer nos parar para restaurar em nós tudo aquilo que é prioridade para Ele. Primeiro, o Senhor nos prepara; depois, Ele nos entrega. Ana estava sendo preparada e forjada para receber seu milagre. Samuel já era uma realidade no mundo espiritual.

Tudo o que geramos na Terra, primeiro foi gerado nos céus. O Senhor tratou a humanidade de Ana, curou as dores da sua alma, e a madre que Ele próprio fechou no tempo oportuno, abriu para gerar um milagre que, mais tarde, seria o profeta que ungiu Davi, o maior rei que Israel já teve, sendo ele um ancestral direto de Jesus, o nosso Salvador.

Eu, autora deste capítulo, identifico-me muito com a história dessa mulher incrível, pois, assim como Ana precisou de cura nas suas emoções para gerar, eu também precisei ser restaurada. Precisei convidar Jesus para limpar o meu interior, precisei ser desconstruída e reconstruída pelas mãos do Criador.

Uma alma atribulada não consegue discernir a voz de governo do seu Criador, uma alma doente não pode gerar projetos eternos. Compreenda que, primeiramente, Ele nos cura; depois, Ele nos faz gerar. Para a medicina, eu era estéril. No mundo espiritual, minha alma estava doente, cheia de questionamentos e dores. Mas, assim como Ana, lancei-me aos pés de Deus, confessei minhas dores, entreguei o governo da minha vida nas mãos do Senhor, e um grande processo começou.

Gerar milagres, demanda tempo. À medida que crescemos e nos aprofundamos, avançamos também no cumprimento dos propósitos. Seja profunda no seu relacionamento com Deus, pois, na profundidade, você O encontrará. Seja resistente, forte e corajosa. Cristo deseja que sejamos verdadeiras, sinceras e nos entreguemos na totalidade a Ele. Entregar é confiar. Só entrega quem conhece o Pai que tem.

Falando de paternidade, no meu processo de lapidação e reconstrução, vivi anos da minha vida sem compreender que precisava permitir que Jesus lapidasse o mais profundo da minha alma e resgatasse a essência da paternidade. Essa essência começa no amor e no perdão, pois quem não perdoa o pai que lhe gerou na Terra não consegue se conectar com Pai dos céus, com seu Pai Eterno: Deus.

Uma das dores que eu carregava nos porões da minha alma era uma paternidade ferida, gatilhos emocionais gerados na minha infância que trouxeram bloqueios no meu relacionamento com Deus, o Pai. Não conseguia, de fato, ver Deus como meu Pai, e sim como meu Senhor. Quando fui transformada pelo Espírito Santo e me permiti ser curada por Ele, reconheci que, ainda que os homens da Terra nos firam, o Deus do céu sempre estará disponível para nos curar. O perdão é a ponte para a salvação.

Jesus disse, em João 33, que o que importa é nascer de novo. Nascer de novo é nascer de um novo Espírito, aceitando a salvação e a paternidade de Deus. Na nossa caminhada, as dores e as feridas da nossa alma sempre tentarão nos aprisionar e nos paralisar. Ana chorou abundantemente, não comia e não bebia, pois as dores da sua alma, por um momento, fizeram-na parar.

Quando focamos nas adversidades, não acessamos as promessas. O inimigo das nossas almas, sabendo disso, fará de tudo para nos aprisionar nas nossas dores. Fazendo assim, ele se alimentará do sangue das nossas feridas. Por isso, profetizo que toda ferida seja curada pelo poder do nome de Jesus e que o óleo de cura seja derramado sobre você, pois Deus sempre está nos bastidores da nossa caminhada para nos restaurar e salvar.

Quando entendi que Cristo é o meu Pai, passei a acessar níveis maiores de experiências com Ele. Hoje não sou órfã, tenho um Pai. A capa de orfandade não faz parte da minha vida; as feridas que estavam impedindo os milagres alcançaram-me e foram fechadas.

Como Ana, eu não poderia gerar filhos, porém Deus me visitou e me fez mãe de uma linda princesa, meu milagre, Maria Vitória. Estamos em construção e, nessa obra, nosso Pai é especialista. A obra que ele começou, em breve, se completará. Não pare! Persevere! Na palavra, você encontrará todas as respostas. Prepare-se para viver milagres.

"Dentro de cada dor, nasce um propósito."

PRA. THIARA LOPES

VALÉRIA REIS

Sou Valéria de Oliveira da Silva dos Reis, nasci no Rio de Janeiro e sou moradora da zona oeste. Sou formada em Teologia, Letras e Literatura. Atuo como diaconisa e ministro a palavra de Deus.

Sou capelã e cantora, nascida e criada dentro do lar evangélico, uma improvável que Deus separou para a obra dEle. Sou idealizadora da caravana Geradoras de Milagre e responsável pela *live* Milagre em Tempo de Angústia.

cantora_valeriareis

+55 (21) 97447-0191

30 **Milagre em** tempo de angústia

POR VALÉRIA REIS

Toda honra, toda glória e todo louvor ao único que é digno de receber: Jesus Cristo. Estou vivendo uma das promessas de Deus por meio deste livro. Quero profetizar que no seu interior fluam rios de águas vivas, lavando seus pensamentos, purificando seu coração e arrancando toda a perturbação. Rompa todos os seus medos de avançar durante a leitura deste exemplar, que tem um tema forte e profético: recebendo vida através da palavra.

> *A palavra que liberta, cura, renova, que é a grandeza em nossas vidas, luz que clareia o nosso caminho. Pois a palavra de Deus é viva e eficaz. É mais afiada que qualquer espada de 2 gumes, ela penetra até o ponto de dividir alma e espírito. Juntas e medulas e julga os pensamentos e as intenções do coração.* (Hebreus 4:12)

Poderia escrever vários testemunhos de fé e milagre, os quais vivenciei e vivo até hoje, pois a fé é o alimento combustível indispensável para a vida do cristão: "Ora a fé é o firme fundamento das coisas que se espera, e a prova das coisas que não se veem." (Hebreus 11:1).

Quando colocamos nossa fé em ação, há milagre. Deus me honrou com uma empresa, na qual eu cuidava da saúde e do bem-estar das pessoas e que, por 6 anos, ficou sob minha administração. Alcancei várias vitórias: meu primeiro carro, viagens, cruzeiro e várias metas ultrapassadas. Foram dias de muitas alegrias, nos quais passavam várias pessoas de todas religiões e classes sociais por mim. Cuidávamos não só do corpo, com a reeducação alimentar e os procedimentos estéticos, como também ouvíamos muitas histórias de vida, e Deus me usava para as pessoas serem curadas da alma. Quando minhas amigas pastoras estavam lá, virava culto.

Nesse tempo, já havia gravado um CD, porém dividia o trabalho com a obra de Deus, porque o movimento havia caído, os ganhos que entravam não eram suficientes para cobrirem o custo, e entendi que Deus queria mais de mim. Estava na zona de conforto, me escondendo e fazendo o mínimo, mas Deus me queria por completo e não pela metade. Dias corridos, horários apertados.

Numa tarde linda, de repente, sofri um acidente. Eu me vi dentro da sala vermelha. Deus me parou ali, ministrou em meu coração para sair do raso e viver coisas grandes.

Não atrase o que o Pai tem para você

Deus revelou, em um sonho da minha irmã Nilcéia, que era tempo de Ele me usar, que não me queria trabalhando e supriria todas as minhas necessidades. Ele me levaria aos 4 cantos da Terra louvando e pregando a Sua palavra. Entendi, obedeci a Sua voz e fechei a empresa. No dia seguinte, começou o *lockdown*. Agradeci a Ele pelo Seu cuidado comigo. Escolha obedecer! Obedecer é melhor do que sacrificar, obedecer gera bênçãos na sua vida: "Primeiro mandamento, como promessa para os filhos que honram, respeita e obedece aos pais." (Efésios 6:2).

No ano de 2020, teve início a pandemia, o mundo virou de cabeça para baixo, ficamos isolados, igrejas fecharam, minha empresa fechou. Em casa, confesso que bateu angústia e medo. Veio a depressão, perdi amigos e, em meio à dor e à aflição da crise, vi Cristo com a Sua forte mão sobre minha família. Foi um período em que assisti — algumas vezes, tive força — em orações, lembrei-me das promessas, posicionei-me no reino espiritual e declarei que estava disposta a receber tudo o que o céu tinha para me entregar.

O posicionamento que destrava destinos, o posicionamento natural, você faz. Já o sobrenatural é com Ele. Muitas pessoas se escondem no "esperar em Deus". Não é errado, porém a forma como utilizam essa frase é como se estivessem espiritualizando a sua falta de posicionamento e a sua falta de decisão para se justificar, e aí nunca há uma transformação genuína, tampouco uma liberação do seu destino.

Preciso que entenda: seu posicionamento irá destravá-lo e às pessoas ao seu redor. Posicione-se de maneira correta, caminhando em obediência e renúncia. Nosso foco é o céu. Várias vezes, terá que se posicionar e não verá as coisas fluindo, porém a sua permanência irá destravar. O reino espiritual é reativo à sua ação natural e fará com que o céu reaja a seu favor. Não pare diante das dificuldades, não permita que as mágoas e os ventos contrários o paralisem. Viva um novo de Deus. O que você deixou morrer no caminho? Sonhos, ministério ou projetos que Ele confiou a você?

Muitas vezes, procuramos fora o que está dentro de nós, buscando em pessoas o que está em Deus. Descubra quem você é nEle, quebre sofismas da mente, traumas, religiosidade, volte a sonhar. Não se acostume com a prisão, não se deixe levar só porque as correntes que o prendem são cor de ouro. Levante-se, tem promessa para você. Nossas armas não são carnais, não faça força, deixe Deus trabalhar.

> *Porque não temos que lutar contra a carne e sangue, mas sim contra os principados, contra as potestades, contra os príncipes das trevas deste século, contra as hostes espirituais da maldade nos lugares celestiais. Portanto, portanto tomai toda a armadura de Deus para que possais resistir no dia mau e havendo feito tudo ficar firmes.* (Efésios 6:12-13)

No final da pandemia, em 2021, vivenciei um milagre em tempo de angústia. Minha única filha, Ayssa, marcou o casamento. Eu me via num caso impossível, casar uma filha no salão de festas que ela escolheu, que era o melhor do bairro. Recebi palavras de desânimo, de que não íamos conseguir fechar o contrato com aquele salão luxuoso. Parei, lembrei que sirvo a Deus Grande e isso me motivou a orar e usar a minha fé nEle. Para minha família, naquele momento, era impossível, mas, para Deus, nada é impossível.

Ele é fiel. Aquele que começou a boa obra é fiel para terminá-la. Você crê? Casar-se na pandemia, festa sem recursos financeiros, isso era coisa para Deus. Ele agiu em nosso favor e conseguimos entrada. Minha mãe liberou uma palavra profética: que Deus iria suprir tudo até a data do casamento. Nesse período, esperando a providência do céu, fiz um voto com o Pai de 1 ano de oração e busca e de que, se casasse minha filha naquele salão, com tudo pago, eu contaria este testemunho. Em uma manhã, dos meus devocionais com Deus, nasceu a *live* Milagres em Tempos de Angústia. Peguei papel e caneta, e Deus me deu toda a estratégia: nome, horários e tema. Tudo pronto!

Mas guardei na gaveta e não coloquei em prática. Talvez por vergonha da câmera do celular, talvez porque pensava no que iriam dizer: "Está querendo aparecer!", ou coisa do tipo. Chega um tempo em nossas vidas que amadurecemos, não importa o que os outros digam. Deus usa quem Ele quer, cada um do seu jeito, da sua maneira, na sua essência, sem precisar imitar ninguém e nem acrescentar uma vírgula.

Realizo a *live* com o tema Milagres em Tempo de Angústia todas às quartas-feiras, às 22 horas e 30 minutos, horário de Brasília, pelo Instagram, mídia em que Deus usa homens e mulheres, nos tempos atuais, para abençoar outras pessoas. Deus fará em sua vida, você é ativadora e geradora do seu milagre, Ele sabe o momento certo, prepara dia e hora para abençoar. Você pode até estar nas malhadas, no secreto, trabalhando onde ninguém está vendo, mas, quando Ele o(a) honrar, todos verão.

Milagre se vive, não se explica. Milagre não é uma saída de emergência, mas, sim, uma expressão de quem Ele é. Milagre é Deus colocando você em lugares onde não podia ir sozinho. Milagre é coisa para Deus, milagre é viver o melhor de Deus na Terra, é pisar sem ter chão, entrar cansado e sair renovado, entrar em um lugar de morte e ver a vida. Milagre é uma mulher que não pode ter filhos começar a gerar.

Você é o ativador e transmissor de boas-novas. Posicione-se dentro da sua família para ativar o que Deus quer realizar. Não perca tempo, não perca o foco nas coisas sem sentido, não perca tempo com pessoas e amizades tóxicas, porque não irá conseguir atitudes que você precisa ter. Deus coloca pessoas em nossos caminhos para nos abençoar, não somente no âmbito financeiro, mas amigas que o céu apresenta. Temos que nos identificar e andar com pessoas que nos aproximam de Deus, que são alianças no mesmo propósito. Águia só voa com águia, nunca sozinha. Águia tem um potencial sempre para cima.

A caravana Geradoras de Milagre nasceu primeiro no coração de Deus, e, por conhecer muitas mulheres, comecei a reunir amigas, líderes, pastoras e mulheres de Deus que, muitas vezes, não podiam desabafar com qualquer pessoa. A caravana é a união de mulheres de todas as igrejas e denominações. Viajamos numa só união, fazemos passeios alegres, buscamos a Deus, voltamos com nossa fé avivada, retornamos renovadas e cheia de Deus, curadas para curar outras, gerando vidas para o Rei, o Deus.

Gerar dói, requer um período. Temos contrações, enjoos, renúncia e, quando o bebê cresce e o espaço físico fica pequeno, é lançado para fora. Levante-se! Reanime-se! Posicione-se! Não é como você está, é o que Ele fará por meio de você. Você vai gerar! Não aborte o que Deus colocou dentro de você.

Somos geradoras de milagres. Então, creia nos milagres em tempos de angústia, seja geradora do seu milagre. Quando o porquê é forte, o como fica fácil. O porquê representa nossa essência, o motivo que nos faz viver e mover as coisas, está relacionado às emoções. Nasci para adorar e servir a Deus, meu chamado é o meu propósito de vida, a ferramenta é a voz, a missão é ajudar as pessoas.

"Somos geradoras dos nossos milagres."

VALÉRIA REIS

ANOTAÇÕES

ANOTAÇÕES

ANOTAÇÕES

ANOTAÇÕES

ANOTAÇÕES

ANOTAÇÕES